COLLECTION MICHEL LÉVY

SALONS CÉLÈBRES

OUVRAGES

DE SOPHIE GAY

PARUS DANS LA COLLECTION MICHEL LÉVY

Anatole	1 vol.
Le comte de Guiche	1 —
La comtesse d'Egmont	1 —
La duchesse de Châteauroux	1 —
Ellénore	1 —
Le faux Frère	1 —
Laure d'Estell	1 —
Léonie de Montbreuse	1 —
Les Malheurs d'un amant heureux	1 —
Marie de Mancini	1 —
Marie-Louise d'Orléans	1 —
Un Mariage sous l'Empire	1 —
Le Moqueur amoureux	1 —
Physiologie du ridicule	1 —
Salons célèbres	1 —
Souvenirs d'une vieille femme	1 —

CLICHY. — Impr. de Maurice LOIGNON et Cie rue du Bac-d'Asnières 12.

SALONS
CÉLÈBRES

PAR

SOPHIE GAY

PARIS

MICHEL LÉVY FRÈRES, LIBRAIRES ÉDITEURS

RUE VIVIENNE, 2 BIS, ET BOULEVARD DES ITALIENS, 15

A LA LIBRAIRIE NOUVELLE

1864

LE

SALON DE LA BARONNE DE STAËL

I

L'empire des salons a passé avec celui des femmes, et il nous serait bien difficile de donner à ce qu'on appelle aujourd'hui la jeune France une idée de l'influence que certains salons exerçaient autrefois sur les affaires d'État et le choix des ministres.

Avoir un salon n'était pas chose facile : une foule de grands seigneurs, de financiers, de parvenus, réunissaient chaque jour de nombreux convives, donnaient, dans leurs salons dorés, des concerts, des bals, et pourtant n'avaient point de salons; c'est que les conditions requises pour arriver à ce pouvoir redouté se trouvaient rarement réunies. La première de toutes était dans l'esprit et le caractère de la femme chargée de faire les honneurs de ce salon : il fallait que, sans être vieille, cette femme eût passé l'âge où l'on ne parle à une jolie personne que de sa beauté ou de sa parure, et qu'elle fût à cette époque de la vie où l'esprit d'une femme obtient plus de l'amour-propre des hommes que ses attraits et sa jeunesse ont jamais obtenu de leur cœur.

Le rang, la fortune étaient nécessaires, mais non indispensables à ces reines des ruches du grand monde : car on a eu vu telles que madame du Deffant, qui était presque pauvre, et que madame Geoffrin, qui était la femme d'un manufacturier; cependant chacune d'elles a eu un salon où l'on faisait des édits et des académiciens; mais les questions qui s'agitaient alors étaient loin d'avoir l'importance de celles qui ont fait retentir depuis le salon de madame de Staël.

La seconde condition d'un salon était un maître de maison poli, nul ou absent. On en tolérait parfois un assez aimable; mais c'était une exception, et son amabilité devait, avant tout, se soumettre aux moindres volontés de celle qui présidait son salon.

Celle-ci devait se montrer difficile sur le choix des personnes admises; car un salon où tout le monde peut se faire présenter est si vite mal composé qu'il perd par cela même toute sa considération et son influence.

Il fallait encore à cette maitresse de maison un goût décidé pour la supériorité en tous genres, et l'absence totale des petits sentiments envieux qui empêchent souvent de recevoir la femme à la mode ou l'auteur à succès. Il fallait savoir mettre les ennemis en présence, les talents en valeur, les ennuyeux à la porte ; toutes choses qui demandent de l'adresse et du courage.

Il fallait de plus s'imposer la réclusion d'un dieu dans son temple, attendre chaque jour les fidèles, et ne pas les exposer à voir l'autel désert quand ils y venaient déposer leurs hommages.

Aujourd'hui qu'on a chaque soir une pièce nouvelle à applaudir, des routs où l'on doit étouffer, un bal où l'on va rester trois heures à la file avant d'y arriver, on ne comprend rien à l'obligation volontaire que s'imposait jadis la femme qui voulait avoir un salon de rester chez elle tous les soirs, à moins que quelque solennité de cour ou de famille pût lui servir d'excuse envers ses habitués. C'était, pense-t-on, un esclavage insupportable. Eh bien, cet esclavage, qui consistait à recevoir quotidiennement et à entendre les plus spirituels causeurs du monde, était peut-être moins dur à subir que nos plaisirs à la mode.

On peut croire aux avantages qui résultaient de cette habitude sédentaire en la voyant adopter par la femme la plus active, celle dont l'arrivée dans une chambre ou dans une salle de spectacle faisait toujours une grande sensation... enfin par madame de Staël; elle pouvait rencontrer chaque jour les admirateurs dont son amour-propre avait besoin, les causeurs qui stimulaient le mieux son esprit; mais elle savait qu'on ne règne bien que chez soi, et que, si l'on a tout son esprit chez les autres, on a de plus chez soi tout l'esprit des gens qu'on y rassemble; que les nouvelles qu'ils apportent, les bons mots qu'ils disent, sont presque une propriété de la maîtresse de la maison; qu'elle a droit de vie et de mort sur toutes les conversations, et qu'en France, la faculté de faire parler de ce qu'on veut touche de fort près au pouvoir de le faire faire.

Le salon de madame de Staël, dont la puissance eut l'honneur d'effrayer le plus grand souverain de notre histoire moderne, peut se diviser en trois époques :

Celle de la Révolution ;

Celle du Consulat ;

Celle de la Restauration.

Le premier salon fut sans contredit le plus influent : c'est là que MM. Barnave, Talleyrand, Lameth, Duport, Boissy-d'Anglas, Portalis, Siméon, Tronçon du Coudray, Pontécoulant, Thibaudeau, Chénier, Rœderer, Benjamin-Constant, discutaient les décrets en herbe et décidaient des nominations importantes.

Barras, le seul des membres du Directoire admis chez madame de Staël, était sans cesse sollicité par elle en faveur des victimes de la Révolution, et l'on peut affirmer que chacune de ses visites *coûtait* au galant directeur quelque bonne action.

C'est en causant dans son salon avec Chénier que

madame de Staël obtint de lui d'imiter la courageuse démarche de M. de Pontécoulant, dont le rapport éloquent, pour le rappel de M. de Montesquiou, venait d'être couronné d'un succès d'autant plus grand qu'il avait excité de vifs débats. C'est en conséquence du décret obtenu par M. de Pontécoulant pour M. de Montesquiou, que Chénier en demanda l'application à M. de Talleyrand. C'est encore madame de Staël qui, après le retour de M. de Talleyrand, le mit en rapport avec Barras et le fit nommer, par ses puissantes recommandations, au département des affaires étrangères ; car, dit-elle :

— M. de Talleyrand avait besoin qu'on l'aidât pour arriver au pouvoir, mais il se passait ensuite très-bien des autres pour s'y maintenir.

Ainsi, on peut en conclure que c'est au salon de madame de Staël que la France a dû l'existence politique de cet habile et *toujours* ministre.

Malheureusement, cette transformation miraculeuse d'un gentilhomme prêtre, émigré, en un ministre républicain, n'amena pas la réconciliation qu'espérait madame de Staël. Les partis qui divisaient les conseils n'en restèrent pas moins ennemis.

Madame de Staël recevait plusieurs des hommes qui conspiraient la journée du 18 fructidor; on l'accuse d'y avoir eu part. Elle s'en défend, et l'on doit la croire; son salon seul fut coupable. On sait tout ce que son cœur généreux lui inspira de dévouement pour les malheureux proscrits de cette fatale journée; ce qui ne calma pas les ressentiments, et fit dire à M. Devaines, en parlant de madame de Staël :

— C'est une excellente femme qui noierait tous ses amis pour avoir le plaisir de les pêcher à la ligne.

II

Le second règne du salon de madame de Staël ne fut pas si désastreux ; il ne tua que le Tribunat, et même ne fit-il qu'avancer sa fin de quelques mois ; car le gouvernement que le premier consul méditait dès lors pour la France ne pouvait comporter l'opposition parlementaire qui avait déjà bouleversé le pays ; aussi disait-il avec humeur en parlant des orateurs du Tribunat :

— Je n'ai pas le temps de répondre aux discours de ces bavards taquins; ils ne font rien et entravent tout. Qu'on les fasse taire.

Il est vrai que plusieurs membres du Tribunat, enfants perdus de la République, imbus des idées de liberté, et marchant toujours vers ce séduisant mirage politique, combattaient hautement les décrets préparatoires, qui leur semblaient être autant de petits sentiers conduisant au pouvoir absolu.

C'est alors que le salon de madame de Staël retentit des justes plaintes du parti qui voulait profiter de la Révolution; car celui qui l'avait faite y avait presque totalement succombé; mais des institutions achetées par tant de malheurs, d'horribles condamnations, méritaient qu'on les défendît avec courage : elles avaient coûté si cher! L'excuse de ces temps de liberté folle était toute dans la liberté sage qu'il en devait résulter : voilà ce que Garat, Andrieux, Daunou, Benjamin-Constant, aidés du génie et de l'enthousiasme de madame de Staël, cherchaient à rendre en mots éloquents dans les séances du Tribunat.

La répétition de ces plaidoyers en faveur de la liberté se faisait le soir, en causant avec madame de Staël. Les plus adroits de ces orateurs étaient ceux qui lui dérobaient le plus d'idées et de mots; la plupart sortaient de chez elle avec un discours tout fait pour le lendemain, et, ce qui était plus encore, avec la résolution de le prononcer, acte courageux qui n'était pas moins son ouvrage. Comme leur intention fut au fond très-bonne, et que le mot de liberté, quoique fort discrédité par l'abus qu'on en avait fait, sanctifiât encore toutes les phrases de ces hommes politiques, il ne régnait aucun mystère dans leurs réunions. D'ailleurs, l'esprit sonore de madame de Staël eût rendu tout mystère impossible : les arrêts de son esprit trouvaient tant de colporteurs ! Aussi le premier consul était-il instruit dès son lever de tout ce qui avait été dit la veille chez elle et des attaques qu'il aurait à repousser le matin même à la séance du Tribunat.

On supporte avec dédain les déclamations d'une minorité spirituelle contre une volonté avouée, accomplie, mais non contre le projet qui n'est pas mûr ; c'est la différence de la bouture que l'on doit abriter avec la plante qui peut braver l'orage. Le projet d'un ambitieux, c'est sa vie ; il n'est indifférent qu'à la perte de ce qu'il possède.

Madame de Staël nous fait elle-même l'aveu de ce que son salon était pour elle et pour l'autorité.

« L'un de ces tribuns, ami de la liberté, et doué d'un de ces esprits les plus remarquables que la nature ait départis à aucun homme, Benjamin-Constant, me consulta sur un discours qu'il se proposait de faire pour signaler l'aurore de la tyrannie : je l'y encourageai de toute la force de ma conscience; néanmoins, comme on savait qu'il était un de mes amis intimes, je ne pus m'empêcher de craindre ce qu'il en pourrait arriver. J'étais vulnérable par mon goût pour la société. La veille du jour où Benjamin-Constant devait prononcer son discours, j'avais chez moi Lucien Bonaparte, MM. ***, ***, ***, ***, et plusieurs autres encore dont la conversation, dans des degrés différents, a cet intérêt toujours nouveau qu'excitent la force des idées et la grâce de l'expression. Chacun, Lucien excepté, lassé d'avoir été proscrit par le Directoire, se préparait à servir le nouveau gouvernement, en n'exigeant de lui que de bien récompenser le dévouement à son pouvoir. Benjamin-Constant s'approcha de moi et me dit tout bas :

» — Voilà votre salon rempli de personnes qui vous plaisent; si je parle, demain il sera désert.

» — Il faut suivre sa conviction, lui répondis-je.

» L'exaltation m'inspira cette réponse; mais, je l'avoue, si j'avais prévu ce que j'ai souffert à dater de ce jour, je n'aurais pas eu la force de refuser l'offre que me faisait Benjamin-Constant de renoncer à se mettre en évidence pour ne pas me compromettre. »

On sait l'effet que produisit ce discours, comment il fut imité et soutenu par les orateurs républicains, et le décret qu'il fit rendre.

Les membres du Tribunat frappés par ce décret se réunirent comme de coutume chez madame de Staël, heureux de pouvoir se venger dans son salon, à coups de bons mots, de plaisanteries mordantes, de l'acte arbitraire qui leur interdisait l'éloquence de la tribune.

Cependant cette opposition maligne, qui s'exhalait en épigrammes, pouvait importuner, mais non renverser la puissance qui s'élevait alors. Que pouvaient tant d'idées confuses, contraires, superficielles ou profondes même, mais dont la profondeur, éventée par la conversation, déconsidérée par la formule plaisante qui l'exprimait, avait perdu sa force? Que pouvaient ces idées éparses contre une seule méditée en silence et poursuivie avec toute la constance et la gravité de l'ambition?

D'ailleurs, à cette époque, le salon de madame de Staël n'était pas seulement composé des chefs de l'opposition, on y voyait aussi beaucoup de personnes attachées au gouvernement. Les frères du premier consul, les ministres, les rédacteurs des journaux dévoués au pouvoir, MM. Rœderer et Sauvo, y venaient chercher des nouvelles, Talma et Gérard des inspirations : c'était l'asile des émigrés rentrés; ils y trouvaient cette politesse exquise, ces égards pour la naissance, pour la pauvreté noble, qui distinguaient la bonne compagnie sous l'ancien régime; le duc Matthieu de Montmorency y pouvait parler des sentiments religieux qui remplissaient son âme si pure, si charitable, sans craindre l'ironie d'un vieil athée ou d'un jeune esprit fort; le duc Adrien de Laval y conservait impunément son esprit fin, délicat et la grâce de ses manières nobles et simples. Le comte Louis de Narbonne s'y maintenait auprès de madame de Staël dans ces traditions de cour et cette flatterie à la fois ingénieuse et digne, qui lui ont valu depuis tant de succès auprès de l'empereur.

Le chevalier de Boufflers y ravissait tout le monde par ses récits piquants, sa philosophie enjouée, ses mots profonds dits d'un ton léger, sa moquerie si fine et si bien secondée par les reparties brillantes de M. de Chauvelin.

Le comte de Sabran y faisait déjà preuve de cet esprit distingué, de ce cœur généreux, qui devaient bientôt se dévouer à madame de Staël et charmer son exil.

Ces aimables débris de l'ancien régime causaient de fort bonne grâce avec les esprits supérieurs ou célèbres nés de la Révolution, tels que Ducis, Chénier, Lemercier, Arnaud, Legouvé, Talleyrand, Regnault de Saint-Jean-d'Angély, Camille Jordan, Andrieux, Benjamin-Constant, etc., etc. La différence des opinions cédait au besoin de se communiquer, de se plaire; car l'admiration éclairée des gens de l'ancien régime était nécessaire aux hommes du nouveau; et ces soutiens de l'aristocratie tempérée, ces vieux ministres du bon goût, aimaient à voir l'influence que leurs arrêts avaient encore sur les jeunes talents démocrates. Chacun des deux partis, consolé par ce qui manquait à l'autre, ne pensait pas à s'en humilier; également neutralisés par le pouvoir qui surgissait, les royalistes et les républicains jouaient ensemble sans s'aimer, sans se craindre, comme joueraient de pauvres chiens édentés avec des chats sans griffes.

Ce jeu déplut au premier consul. En vain M. Regnault de Saint-Jean-d'Angély, l'ami et le constant défenseur de madame de Staël auprès de Napoléon, lui affirmait que le salon de cette femme célèbre ne pouvait pas être dangereux pour une autorité si bien affermie, il répondait :

— Ce n'est point un salon, c'est un club.

En vain M. Regnault lui répétait que madame de Staël était trop enthousiaste de la gloire pour conspirer contre celle du vainqueur de l'Italie : la vérité, la flatterie, tout échouait contre l'antipathie du héros pour la femme d'esprit; c'était la haine de l'action pour l'observation, du grand dessein pour le petit obstacle, de la passion pour l'ironie.

Il fallut abdiquer. Un ordre d'exil vint condamner madame de Staël à déposer le sceptre de la conversation parisienne. Sa vie brillante se concentra dans une intimité plus digne d'envie que les plaisirs du monde. Sous les yeux du père qu'elle adorait, entourée d'amis spirituels que l'exil lui attirait comme il en repousse ordinairement tant d'autres, occupée de l'éducation de sa fille, dont la beauté, l'esprit et les vertus devaient réaliser tous les vœux de son ambition maternelle, dominée par la création des ouvrages qui l'ont placée au premier rang de nos littérateurs, objet des hommages de tous les souverains et de tous les grands talents de l'Europe, nous ne saurions partager sa pitié pour son sort.

III

La troisième époque qui rouvrit à Paris le salon de madame de Staël fut celle de nos revers.

La vue des Cosaques, qui régnaient alors dans nos rues, m'étant insupportable, je m'enfermai chez moi, où les lettres de mes amis me tinrent au courant de ce qui se passait d'intéressant dans les salons les plus à la mode.

Un homme dont l'esprit observateur, délicat, profond et piquant, s'est révélé depuis au public dans de charmants ouvrages, m'écrivit alors en sortant de chez madame de Staël une relation de la soirée qu'il venait d'y passer.

Cette lettre peindra mieux que je ne saurais le faire ce brillant et dernier salon qui devait bientôt, hélas ! se fermer pour toujours.

LETTRE A MADAME G***.

« Paris, ce 8 mars 1814, à deux heures du matin.

» Je reviens de ma soirée, et je ne veux pas me coucher sans vous raconter ce qui m'a le plus amusé. Amusé n'est pas le mot, car le salon de madame de Staël est plus qu'un lieu où l'on se divertit, c'est un miroir où se peint l'histoire du temps. Ce qu'on y voit et ce qu'on y entend est instructif autant que bien des livres et plus gai que bien des comédies. Vous me demandez pourquoi je lis peu. A quoi bon lire quand on passe sa vie à puiser à la source de toutes les idées de son temps, à les voir en travail dans leur germe, à prévoir leur effet quand elles seront en circulation dans le monde ? Je retrouverais ailleurs mal employé ce que je découvre ici sous la forme la plus séduisante : c'est une vie, un esprit qui rayonnent ; ce sont des torrents de feu, des éclairs de génie. De quoi vivrons-nous, si jamais nous la perdons ?

» Ce qui fait le plus grand charme de la société de cette femme, c'est que vous sentez qu'elle vous juge.

Cela vous donne aussitôt toutes vos facultés, et puis elle vous prête un peu des siennes; car son esprit n'est point avare : il n'est que le dispensateur des trésors de son âme; et ce que je préfère à tout, c'est l'âme des gens d'esprit.

» Quand l'admirable éloquence que vous connaissez a produit son effet sur la foule, quand le talent a exercé son action journalière, quand la mission publique du génie est accomplie, on peut s'approcher d'elle comme d'une autre, et l'on sent tout ce que vaut le titre de son ami! Alors, rentrant en elle-même, et s'abandonnant à la confiance dont une âme créatrice éprouve toujours le besoin, elle reste seule avec un ou deux amis pour leur parler d'elle et d'eux; et c'est alors aussi qu'on découvre avec admiration tout ce que Dieu a mis dans ce cœur. Que d'aveux d'une naïveté sublime!!! que de lumières sur l'âme humaine, sur le monde!... que de découvertes elle vous fait faire dans l'histoire, dans la nature, dans vous-même, dans tout ce que vous croyiez savoir aussi bien qu'elle!!!... On remercie le Créateur d'être comme elle une créature humaine!!!...

» Tout à l'heure elle se plaignait à moi de l'indifférence de certaines personnes.

» — On ne peut pourtant, lui dis-je, être le premier intérêt de tout le monde.

» — Mais, me répond-elle avec ce regard qui atteste la communication de la terre et du ciel, d'où vient que chacun de ces gens-là ne peut pas m'aimer autant que je puis les aimer tous ?

» Ce naïf témoignage que se rend à lui-même un cœur brûlant d'une charité toute divine, ce noble cri d'une inévitable et sublime douleur la peint mieux que ne feraient des volumes d'analyses et de récits. Je l'admire, comme tout le monde l'admire ; peu de personnes l'aiment comme je l'aime... enfin je la trouve belle !!! Elle me réconcilie avec la vie de Paris. Puisqu'elle est malheureuse ailleurs, il faut qu'elle rencontre ici quelque chose d'analogue à sa nature. Je ne puis définir ce rapport ; mais elle voit plus clair et plus loin que moi.

» Vous savez que c'est aujourd'hui que le duc de Wellington devait passer la soirée chez elle pour la première fois : j'y suis arrivé de bonne heure ; elle n'était pas rentrée. Quelques habitués l'attendaient.

Les plus marquants étaient l'abbé de Pradt, Benjamin-Constant, M. de La Fayette. Ils causaient ; je restai dans un coin à faire semblant de les écouter. Je crains qu'ils n'aient pris mon silence pour ce qu'il était !

» Enfin, madame de Staël est revenue. Je suis en retard, nous dit-elle ; mais ce n'est pas ma faute, j'étais invitée à dîner chez *** ; il fallait bien y aller. On m'a placée à côté de Fouché et de M. *** : c'était se trouver entre le poignard et le poison.

» Nous nous récriâmes sur l'originalité et malheureusement sur la justesse de cette comparaison, qui devenait une définition précise. Mais, à part moi, je me confirmai dans mon éloignement pour un monde qui permet, qui nécessite la trahison, du moins en paroles ! Je ne pouvais blâmer madame de Staël de se laisser aller au ton général de la société où nous vivons ; mais je me disais : Si les esprits qui dominent la foule partagent les faiblesses vulgaires, que deviendront les faibles en suivant ce torrent ?

» Un grand nombre de personnes étaient arrivées ! Toutes attendaient le héros de la soirée. Nous ne l'avions encore vu qu'en représentation, et nous étions impatients de l'entendre causer.

» On annonce madame Récamier; elle seule pouvait dédommager la maîtresse de la maison de l'ennui de l'attente. Madame de Staël a découvert sous ses charmes tout ce que le monde ne pense pas encore à lui demander. Ces dames restèrent à parler bas dans un coin du salon jusqu'à l'arrivée du duc de Wellington.

» Il entre enfin!... La noblesse de sa figure, la simplicité de ses manières produisent sur nous l'effet le plus agréable. Sa fierté, il doit en avoir, a presque la grâce de la timidité! Madame de Staël, dominée elle-même par cette attitude et ce langage si peu français, s'écrie :

» — Il porte la gloire comme si ce n'était rien!...

» Puis, par un retour de patriotisme, elle se penche à mon oreille et reprend :

» — Il faut pourtant convenir que jamais la nature n'a fait un grand homme à moins de frais.

» Il me semble que l'homme tout entier est dans ces deux mots.

» Vous croyez, d'après ce début, que nous avons eu beaucoup de plaisir pendant le reste de la soirée.

Jugez-en : le duc de Wellington n'était pas encore parvenu au fond du salon, que l'abbé de Pradt s'empare de lui et le force à l'écouter, pendant au moins trois quarts d'heure, exprimer ses idées (les idées de l'abbé de Pradt) sur la tactique militaire. Figurez-vous la colère de madame de Staël et l'ennui de tout le monde! M. Schlegel disait qu'il croyait entendre ce rhéteur qui tenait un discours sur l'art de la guerre à Annibal.

» Ce mot spirituel ne nous dédommagea pas de l'ennui d'entendre débiter en bon français tout ce que nous savons, quand nous espérions écouter des choses nouvelles, dites avec l'accent étranger. Parmi le peu de mots qu'a pu placer le général anglais, il y en a un qui m'a frappé. Pendant que l'abbé reprenait haleine ou se mouchait, le guerrier eut le temps de nous dire que le jour le plus affreux de la vie d'un homme qui commande une armée, est celui où il gagne une bataille, parce qu'avant d'avoir passé la nuit sur le terrain, et de s'être assuré le lendemain de la marche de l'ennemi, le vainqueur même ne peut savoir s'il n'est pas vaincu.

» Chaque chose a son prix en ce monde, et si les

hommes de tous états nous disaient leur secret, nous verrions que les triomphes les plus éclatants se payent au moins ce qu'ils valent. Quoi qu'il en soit, j'ai trouvé autant de justesse que de bon goût dans les mots du duc de Wellington. On voit qu'il cherche à se faire pardonner la curiosité qu'il nous inspire.

» Bien des gens se retiraient découragés par la faconde de M. de Pradt; le héros lui-même pensait à fuir, quand madame de Staël parvint enfin à le dégager du guet-apens où il était tombé. Elle le retint près de la porte; une conversation assez sérieuse s'établit sur la constitution anglaise. Madame de Staël ne pouvait allier la liberté politique avec les formes serviles restées dans les relations individuelles d'une société si fière de cette liberté.

» — Le langage et les usages aristocratiques ne choquent personne dans un pays vraiment libre, disait le duc. Nous employons ces formules sans conséquence en forme d'hommage au passé, et nous conservons nos cérémonies comme on entretient un monument, même lorsqu'il n'a plus sa destination primitive.

» — Est-il vrai, dit madame de Staël, que votre lord chancelier parle au roi à genoux pendant la séance du parlement?

» — C'est vrai.

» — Comment fait-il?

» — Il lui parle à genoux, vous dis-je?

» — Mais comment?

» — Vous le voulez, répond le duc, et il se jette aux pieds de notre Corinne.

» — Je veux que tout le monde le voie! s'écrie madame de Staël.

» Et tout le monde d'applaudir d'un commun accord. Je ne répondrais pas de cette unanimité d'approbation dans ce que les mêmes spectateurs disaient au bas de l'escalier.

» Tout le monde était parti; je suis resté encore deux heures avec la maîtresse de la maison et M. Schlegel, dont la colère contre l'abbé rhéteur ne tarissait pas.

» Pendant ces deux heures, la conversation de madame de Staël m'a ravi en me prouvant combien j'ai raison d'être attaché à une personne qui vit en même temps si près et si loin du monde.

» Elle nous disait ce soir, dans l'enthousiasme de son talent :

» — Quel bonheur si l'on pouvait être reine pendant vingt-quatre heures! que de belles choses... on dirait!

» Ce sont des mots de ce genre qui ont fait dire à mon oncle, le comte de Sabran :

» — Elle voudrait que le monde fût un salon et en être le lustre.

» Il est possible que cette piquante plaisanterie soit juste dans certains moments de sa vie; mais la même personne a dit :

» — Tout comprendre, ce serait tout pardonner.

» Cette seule pensée exprimée et mise en pratique, valait la peine de naître et de souffrir.

» Il me faudrait passer encore bien des nuits pour vous raconter en détail la conversation de ce soir; il y a plus d'un sujet de livre dans une causerie de deux heures avec madame de Staël. J'aime mieux m'aller coucher, afin de pouvoir venir vous dire demain tout ce que je n'ai fait que vous laisser deviner aujourd'hui..

» A. DE CUSTINE. »

Cette lettre nous a paru le portrait ressemblant du salon et de la conversation de cette femme au sublime langage, qui faisait dire à madame de Tessé :

— Si j'étais reine, j'ordonnerais à madame de Staël de me parler toujours.

UN

SALON AU MOIS DE DÉCEMBRE

On commençait à se réunir ; déjà quelques personnes avaient repris leur jour de réception, mais les routs n'étaient pas complets, car les maris grands propriétaires se font un prétexte de leurs plantations, de leurs travaux agricoles, pour garder leur jeune femme le plus longtemps possible loin des plaisirs de la ville : sans compter que les plus riches aiment à se soustraire à l'usage des étrennes, espèce de taxe levée sur l'amour-propre des avares comme sur celui des prodigues, et dont l'éloignement et la solitude peuvent seuls affranchir.

C'est vers le 20 du mois de décembre que le fléau

des étrennes commence à se faire sentir ; d'abord par une inquiétude générale sur le choix des objets qui doivent plaire aux *étrennés*, puis par le désespoir d'accorder jamais l'objet choisi avec le prix qu'on y peut ou qu'on y veut mettre. L'insomnie qui naît d'une recherche infructueuse (car il est de bon goût de cacher ses besoins encore plus que ses caprices), et le talent de deviner les uns et les autres, sont rarement récompensés.

Rien n'égale l'ambition tacite des receveurs d'étrennes, celle des femmes surtout ; que de fois leur moquerie dédaigneuse a-t-elle accueilli le présent dont la valeur, masquée sous des flots de bonbons, réduisait de moitié la pension du jeune donataire, en lui faisant un créancier de plus. Que d'amitiés refroidies, que de liaisons rompues pour n'avoir pas répondu aux étrennes qu'on attendait de vous. Ces sortes de rancunes ont le caractère et la constance des passions concentrées ; nul épanchement n'en vient adoucir l'amertume. Comment en pareil cas se plaindre de l'avarice d'un ami, sans faire l'aveu de la sienne ? Il faut donc dévorer sa peine, se bien garder de la trahir en montrant d'un air ironique l'étrenne mesquine qui a trompé l'attente, faute que l'on commet trop souvent, et dont les malins profitent pour se moquer également de la parcimonie de l'*étrenneur* et du dépit de l'*étrenné*.

Déjà les caresses des enfants, les soins des domestiques sont en raison des étrennes qu'ils espèrent recevoir de leurs parents ou de leurs maîtres.

Déjà les joailliers savonnent les vieux bijoux pour les vendre comme nouveaux à tous les étrangers, et aux provinciaux, qui seraient mal reçus à leur retour, si l'envoi de quelques robes, chapeaux ou bijoux passés de mode ne les recommandait à la tendresse de leur famille.

Quel mois d'espérances et d'anxiété pour la grisette et la femme galante! A combien de rêveries profondes, de distractions involontaires, les livre cette importante question :

— Que me donnera-t-il?

Que de moyens ingénieux sont imaginés par elles pour stimuler la prodigalité de leur amant! L'une vante d'un air qui veut paraître désintéressé la manière délicate dont le prince T*** a envoyé l'année dernière, vers cette époque, à sa maîtresse une simple corbeille d'oranges... mais dont chaque orange était enveloppée d'un billet de mille francs... Quelle exquise galanterie !

L'autre, plus difficile en délicatesse, s'offenserait vivement à la vue des billets de banque; mais ces billets déguisés en bijoux à la mode, en meubles incrustés, en objets de prix, trouvent grâce à ses yeux : ce que toutes deux prétendent apprécier avant tout, c'est l'*attention* ou l'*intention* de l'étrenneur; seulement l'attention n'est délicate et l'intention touchante qu'autant qu'elles ont coûté beaucoup d'argent.

Si ce mois a ses charges, il a aussi ses profits; le service de chaque maison se fait avec plus d'exactitude, il n'est point de lettres perdues, de journaux égarés, les cartes de visite sont remises à qui de droit, et les locataires ne frappent plus vingt fois à leur porte cochère avant qu'on leur tire le cordon. L'ouvreuse de loges ne fait pas attendre les manteaux, le cocher se grise moins, le cuisinier laisse en repos l'anse du panier, le domestique est empressé, la femme de chambre ne grogne plus ; les enfants ne pleurent que pour quelque chose, les bonnes ne les battent point; la vie est généralement plus facile;

chacun fait son devoir; tous les courtisans sont à leur poste, car on espère se faire inscrire sur la liste des grâces; les salons des ministres sont pleins, les gouvernements trouvent moins d'opposants, les rois eux-mêmes sont moins assassinés.

Mais que de déceptions, de susceptibilités, d'inimitiés même naissent de ce mois trompeur! que de mines contraintes, que de remercîments grimacés, sans compter les mensonges conjugaux et les générosités ingrates! car dans le vieux système *étrennal* nous comptons plusieurs espèces :

D'abord l'*étrenne-devoir*, donnée et reçue comme le payement d'un billet à échéance, c'est-à-dire avec beaucoup d'humeur d'une part, et sans nulle reconnaissance de l'autre.

Ensuite l'*étrenne impôt*, à laquelle il faut satisfaire, sous peine de n'être servi que le dernier, ou même pas du tout, lorsque vous dînez chez vos amis.

L'*étrenne de hasard*. Celle-ci consiste simplement à donner cette année à des amis nouveaux les petits présents qu'on a reçus des anciens amis l'année d'avant : c'est le pont-aux-ânes des économistes vaniteux.

L'étrenne frauduleuse, qui passe toujours pour avoir été achetée par la personne qui la reçoit, ou pour avoir été envoyée par une vieille tante dont le revenu de trois années ne payerait pas l'étrenne mensongère.

L'étrenne décroissante, qui révèle les phases du sentiment et ses révolutions prévues par les astronomes du cœur, où l'amour passe à l'amitié, l'amitié à l'habitude, l'habitude à l'indifférence. Ces sortes d'étrennes commencent d'ordinaire par quelques riches talismans, dont le luxe doit, avant tout, être inutile, et finit toujours par un sac de bonbons.

L'étrenne intrigante, qui vous ouvre les bureaux des ministères, des loges au spectacle où il n'y a plus de place pour personne, et la chambre de la jolie femme qui a défendu sa porte.

Nous avons aussi l'*étrenne-placement*, la plus ingénieuse de toutes, inventée par les héritiers, les solliciteurs et les femmes intéressées. Celle-là n'est pas à la portée de tout le monde, car il ne s'agit pas seulement de donner un peu pour obtenir beaucoup, il y a autant de discernement que d'adresse dans le choix du présent et dans les moyens de le faire produire.

Attendez-vous quelque place dépendante d'un ministre? faites-vous présenter chez la femme ou la fille qu'il va voir en secret; étudiez le caprice qu'il a oublié de satisfaire, envoyez votre offrande anonyme, vous serez bientôt deviné par elle et placé par lui.

Votre sort dépend-il d'un brave administrateur dont la femme est honnête? ne craignez pas de vous ruiner en joujoux pour ses enfants; c'est un placement plus sûr que les rentes d'Espagne.

Est-ce l'héritage de quelque vieux parent qu'il faut vous assurer? observez ses manies, tâchez de découvrir quel est le meuble, le livre ou le mets recherché que son avarice lui refuse : donnez une montre au petit garçon de sa gouvernante; faites-lui obtenir une pension du vieillard pour que l'enfant ne vous souffle pas tout l'héritage. Voilà l'*étrenne-placement* dans toute sa diplomatie. Quant au calcul de la femme qui contraint ou excite la générosité de ses amis par des amis d'une grande valeur, cela rentre dans les spéculations vulgaires.

On racontait dans un salon l'hiver dernier, l'histoire d'une étrenne tardive qu'on pourrait intituler *les Voyages d'Alexandre-le-Grand* : c'était un petit camée antique d'un fini admirable et représentant la belle tête du vainqueur d'Arbelles.

Madame Dercourt, que nous appellerons de ce nom pour mieux cacher le sien, a pour mari un riche financier, amoureux de sa fortune comme il devrait l'être de sa femme ; ce qui fait que sa femme aime aussi beaucoup mieux sa fortune que lui, et, plus que tout cela, un jeune élégant dont elle est le premier intérêt, après ses chevaux, ses habits, ses armes, le café de Paris, les coulisses de l'Opéra et le Jokey-Club.

Comment ne pas se compromettre pour conserver un amour si exclusif? Les démarches imprudentes, les sacrifices de tout heure peuvent-ils s'épargner, quand il s'agit d'animer ou de ranimer l'égoïste qu'on adore?

Après avoir satisfait à toutes les exigences classiques d'un amant jeune et fat, madame Dercourt était réduite à épier ses caprices, condition misérable où la femme se dit : « Que peut-il désirer? » Hélas! ce n'était plus que dans des objets futiles que madame Dercourt devait trouver un moyen de combler les désirs du charmant Agénor.

Comme le vrai modèle du *parfait élégant*, Agénor

n'avait point d'idées ni de goûts à lui ; la mode seule lui imposait ses pensées, ses actions, ses manies et ses antipathies. En voyant revenir la mode de l'antique, du gothique et du *rococo*, il s'était fait à la hâte une collection composée de bahuts écornés, de chaises de réfectoire, de porcelaine chinoise recollée, de tentures enfumées, d'horloges démontées, d'aiguières dépareillées, de vitraux fêlés, de tapisseries à grands personnages, dont les nez, les mentons, mangés par les vers, offraient à l'œil des figures monstrueuses ; car la manie des choses n'en donne pas le goût, et le goût seul sait bien choisir et bien employer. Aussi, le nouvel hommage rendu par Agénor à la mode du jour, n'avait-il encombré son appartement que d'un mobilier laid, sale et incommode.

Mieux guidé par l'imitation exacte des chefs de la *fashion*, Agénor était vêtu avec cette simplicité hypocrite qui voile, sous des couleurs sombres et une cravate noire, le luxe des habits et la finesse du lin ; une montre de Bréguet, suspendue à une chaîne en platine, était le seul bijou qu'il portât, car il ne s'était pas laissé prendre à l'éclat des boutons en rubis, émeraudes, opales, etc., etc., tant chéris des acteurs, des coiffeurs et des commis-voyageurs.

Une seule chose excitait son envie, il rencontrait souvent à cheval, au bois de Boulogne, le jeune duc de M***. Sa large cravate noire, dont les bouts se croisaient sur sa poitrine, était fixée par un camée antique d'une beauté remarquable. Cette manière d'appliquer un objet d'art et d'un grand prix au plus simple négligé, parut à Agénor le suprême du bon goût. Il courut chez tous les marchands de curiosités, les bijoutiers artistes, les antiquaires, pour se procurer un camée semblable à celui du duc de M***. Il en vit de très-beaux, mais dont l'antiquité était fort douteuse, et tous ceux dont la perfection faisait croire à leur origine grecque, étaient d'un prix qui lui semblait rop exagéré.

Depuis son retour de la campagne, madame Dercourt préparait la surprise accoutumée qui devait réveiller Agénor le premier de janvier. C'était une miniature, une espèce de *portrait-mouche*, tant il était petit, gracieux et bien colorié : c'était un de ces chefs-d'œuvre de ressemblance, d'éclat et de fini, dont la perfection trahissait le pinceau de madame de Mirbel.

Une pomme de canne, le fermoir d'un porte-feuille, une médaille, une épingle montée, tout pouvait servir de cachette à ce petit portrait; et madame Dercourt allait commander la médaille qui devait le recéler, lorsqu'elle apprit, par un des amis d'Agénor, le motif des courses multipliées qu'il faisait chaque jour chez les marchands de curiosités. Dès ce moment, la pensée la plus humiliante pesait sur son cœur :

— C'est un camée qu'il désire et non pas mon portrait, se dit-elle.

Et des larmes remplirent ses yeux... Puis, se repentant d'un pareil soupçon, elle se le reproche comme une calomnie; mais, pour plus de sûreté, elle se décide à cacher le portrait inattendu sous le camée désiré.

Elle en connaît un admirable, c'est le dernier trésor de la veuve d'un général qui a fait les guerres d'Italie. Le payement des dettes contractées pendant la maladie du défunt peut seul déterminer la veuve à se dessaisir de cette belle tête d'Alexandre, conquise et donnée par Bonaparte; mais on lui en offre la somme qui doit l'acquitter, elle le cède; et le bijoutier le plus discret, le plus adroit, est bientôt chargé d'inventer un ressort imperceptible pour masquer le plus joli visage moderne sous les nobles traits du héros antique.

L'étrenne est reçue avec transport, et, grâce à l'ingénieux assemblage, madame Dercourt peut croire que son portrait seul excite tant de reconnaissance.

Cependant, huit jours sont à peine écoulés, et madame Dercourt ne voit plus le camée receleur sur la poitrine d'Agénor; elle en témoigne son étonnement. C'est, répond-il, qu'il monte depuis quelque temps un cheval ombrageux, et que, dans les bonds qu'il lui fait faire, il craint de perdre une relique si précieuse. Cela explique tant bien que mal pourquoi il ne la porte plus. Mais, en disant cela, Agénor cache mal son embarras.

Le fait est que, voulant aussi se donner ses étrennes, il avait pensé à certaine danseuse de l'Opéra, et que, dans un moment d'intimité, celle-ci avait elle-même détaché la riche épingle en se promettant bien de la garder. Surpris tous deux par la brusque arrivée du nouveau Turcaret, dont l'or se faisait ouvrir à toute heure les portes de la danseuse, Agénor s'était enfui avec tant de précipita_ tion, qu'il avait oublié son épingle. On pense bien qu'il la réclama en vain. Les prières, les menaces d'une rupture complète, rien ne put le faire rentrer dans la possession de son camée ; on lui soutint qu'il avait été perdu ou volé par quelque domestique. Enfin, il ne le revit plus.

Les Turcarets de nos jours sont plus rusés que leur modèle ; ils quittent tout net la courtisane qui les trompe trop visiblement, et la danseuse se trouva bientôt veuve du riche revenu que lui faisait son vieil adorateur. Il fallut faire ressource de tous les bijoux reçus ou dérobés ; le beau camée fut du nombre.

Un juif prêta dessus une modique somme, et le revendit bientôt le triple à un Anglais. Celui-ci le perdit à la suite d'un dîner, d'où il fut ramené à minuit mort-ivre.

Une petite blanchisseuse, qui se rendait de grand matin chez sa pratique favorite, voit reluire quelque chose sur la boue du trottoir : c'était le cercle d'or du camée. Elle le ramasse, l'essuie avec son tablier, et, pensant que c'était un de ces bijoux que colportent les marchands de chrysocale, elle en fait présent au garçon de café qui lui promet toujours de l'épouser.

— Sais-tu bien que tu as là quelque chose de conséquent? dit d'un air capable un fripier ambulant à son cousin le garçon limonadier; j'en ai vu une épingle, dans ce goût-là, et qui a été vendue plus de 80 francs.

— Bah! vraiment!

— Je te le jure. Et si tu en veux faire la preuve, tu n'as qu'à venir avec moi chez le fripier du quai des Orfèvres.

La proposition est acceptée; le camée, après avoir été déprécié le plus possible, est acheté pour 60 francs, puis revendu dix louis à l'orfèvre voisin. De boutique en boutique, il arrive au joaillier de la cour; toutes ces mutations s'étaient opérées en moins d'un mois.

Pendant ce temps, madame Dercourt, dévorée de soupçons, n'accueillait plus Agénor que par des reproches, et celui-ci les évitait de son mieux en la voyant le moins possible.

— Vous avez sacrifié mon portrait à quelque femme, disait-elle, pâle de jalousie.

— Quelle idée folle!

— Eh bien, montrez-le-moi.

— Je m'en garderais bien, vraiment. Il faut vous punir un peu de l'injure que vous me faites.

Puis, affectant un ressentiment profond, Agénor sortit brusquement et laissa madame Dercourt accablée sous le poids d'une affreuse certitude.

En ce moment, M. Dercourt entre chez elle; il est frappé de l'altération de ces traits.

— Pauvre petite, dit-il, tu souffres, tu m'en veux peut-être, et tu as raison; car les affaires m'ont tant dominé tout ce mois-ci, que je n'ai pas même pensé à te donner tes étrennes; mais sois tranquille, ma liquidation terminée, je réparerai mon tort. J'ai déjà vu quelque chose qui te fera plaisir; car tu as bon goût, toi, tu n'aimes pas le clinquant, c'est du précieux qu'il te faut. Eh bien, nous tâcherons de te contenter; mais quitte cet air triste qui me fend le cœur; s'affliger ainsi de mes petites négligences, c'est un enfantillage. Tu sais bien que tout ce que je gagne est pour toi et notre petite Cécile, et tu dois me pardonner de t'oublier quelquefois pour vous assurer à toutes deux une belle fortune.

Deux jours après avoir tenu ce discours si tendrement conjugal, M. Dercourt, ayant réuni chez lui les amis qu'il se plaît à humilier par son luxe, on vit entrer sa jolie petite Cécile.

— Tiens, dit-elle à sa mère, voici les étrennes que papa te donne.

Madame Dercourt embrasse l'enfant, ouvre le petit écrin qu'elle vient de lui remettre; mais à peine a-t-elle jeté les yeux sur ce qu'il contient, qu'on la voit pâlir et tomber évanouie.

— Ah! mon Dieu! qu'ai-je fait? s'écrie son mari, qui arrivait pour jouir de sa surprise. Mais, aussi, comment prévoir que la moindre émotion la mette en cet état?

Chacun se lève pour secourir madame Dercourt. Agénor seul reste immobile. La vue du camée, qui vient de tomber sur le tapis, en s'échappant des mains de madame Dercourt, lui explique assez la cause de cet évanouissement. Heureusement, la chute de l'épingle n'a point fait ouvrir le ressort.

— La voilà qui revient à elle, ce ne sera rien, dit M. Dercourt; les surprises agréables ne sont pas dangereuses.

Puis, ramassant l'épingle, il livre à l'admiration générale le beau profil d'*Alexandre*.

— Vous voyez, ajoute-t-il, que ma chère Valérie n'a rien perdu pour attendre, et que l'*étrenne tardive* est toujours la meilleure.

En effet, madame Dercourt, s'étant fait un droit de l'état de souffrance où la jette la *moindre* émotion, pour demander à s'éloigner quelque temps du monde, s'est retirée à la campagne, où, tout occupée du soin d'élever sa fille, elle a retrouvé la santé, la paix et le bonheur.

— Aussi, pensons-nous, avec M. Dercourt, que l'*étrenne tardive* peut être la meilleure.

LE

SALON DE MADEMOISELLE CONTAT

I

— Le salon d'une actrice! dira-t-on : vous vous trompez, c'est le boudoir que vous voulez dire.

— Non, une actrice d'un grand talent pouvait autrefois avoir un salon; il ne lui fallait, pour atteindre à ce but, que le goût de la bonne compagnie ; mais, quand on réfléchit à tout l'esprit qu'il faut pour préférer les gens dont le rang, l'éducation, le ton, les manières, vous rappellent trop souvent ce qui vous manque, à ces subalternes dans les arts ou dans la société, dont la médiocrité servile s'applique à vous prouver votre supériorité incontestable sur tout ce qui vous entoure; quand on pense aux obstacles que les préjugés, l'usage, élèvent contre la noble ambition de réunir l'indépendance de l'artiste à l'existence de la femme du monde, on accorde autant d'estime que d'admiration à l'actrice qui a pu les vaincre.

L'exemple de mademoiselle Lecouvreur et de mademoiselle Quinault, dont les salons rassemblaient la meilleure compagnie de leur temps, suffisait pour encourager mademoiselle Contat à les imiter; car il faut rendre justice à l'ancien régime, il était beaucoup plus poli que celui-ci pour les acteurs, et se plaisait à les venger de l'excommunication par une hospitalité honorable.

Dès que la loi nivelle tous les rangs, la société les sépare; la philosophie a-t-elle frappé à coups redoublés sur les préjugés sages ou absurdes, aussitôt la société s'empare des blessés, les guérit, les engraisse et les reproduit dans le monde, où ils sont d'autant mieux accueillis qu'on a craint de les perdre.

Lorsque les priviléges, le costume et les usages distinguaient complétement une classe d'une autre, elles faisaient de mutuelles concessions pour se rapprocher. Mais aujourd'hui qu'on a toujours peur d'être pris pour moins que soi, on se tient droit dans sa place, comme une statue dans sa niche. De là vient que les acteurs vivent entre eux, comme tous les vieux nobles, les employés du gouvernement ou les débris de la grande armée; il n'y a que les millionnaires qui soient de toutes les coteries.

O misère du siècle! le fils d'un domestique, parvenu par l'usure à l'état de millionnaire, verra ses salons dorés remplis de femmes comme il faut. Il recevra, la veille du bal qu'il doit donner, trente billets signés des plus beaux noms de France, qui réclament l'honneur d'être portés sur sa liste; et ces mêmes femmes blasonnées rougiraient de se montrer dans le salon de notre première actrice. Voilà ce que les grands talents ont gagné à la Révolution.

Cependant ils étaient en droit d'en attendre davantage, en voyant la société qu'avait conservée mademoiselle Contat au sortir de prison, où elle s'était trouvée avec plusieurs femmes de la cour. Son goût pour les gens distingués, sa reconnaissance pour l'amour d'un prince qu'ont illustré depuis le trône et l'exil, devaient nécessairement lui attirer la persécution des rois de la terreur : elle fut incarcérée aux Madelonnettes avec ceux qu'on appelait alors les aristocrates de la Comédie française. Un trait qui révèle son esprit et ses sentiments faillit lui coûter la vie. La reine, avant d'être prisonnière elle-même, voulut voir représenter la *Gouvernante de la Chaussée;* elle fit savoir à mademoiselle Contat qu'elle souhaitait la voir dans ce rôle, qui n'était point de son emploi. Mademoiselle Contat apprit en vingt-quatre heures les cinq cents vers de la *Gouvernante*, puis elle écrivit à la personne qui lui avait fait part du désir de la reine :

« *J'ignorais où était le siége de la mémoire, je sais à présent qu'il est dans le cœur.* »

Cette lettre, qui fut publiée par les ordres de la reine, allait dicter l'arrêt du tribunal révolutionnaire, quand le 9 thermidor vint délivrer mademoiselle Contat.

On ne pouvait la voir souvent sans être séduit par le charme de sa conversation, par une certaine grandeur de manières, qui, sans être théâtrales, avaient quelque chose d'imposant. Son caractère à la fois impérieux, vindicatif, sensible et généreux, sympathisait avec celui des personnes dont les qualités et les défauts sont nobles, et le sentiment qu'elle avait de sa supériorité la mettait à l'abri de la gêne, de l'humilité ou de la révolte inhérente aux conditions que la société repousse; elle causait avec la marquise de J... et la comtesse de N... du même ton que ces dames causaient entre elles, sans embarras comme sans familiarité.

L'intimité qu'un long séjour dans la même prison, que les mêmes opinions et les mêmes dangers devaient faire naître, se continua longtemps après le rétablissement de l'ordre et des préjugés, ce qui rendit le salon de mademoiselle Contat le rival des meilleurs salons de Paris.

Un motif singulier me lia avec elle. Ce fut sa ressemblance avec ma mère; elle était tellement frappante, qu'après deux ans du deuil le plus triste que j'aie porté en ma vie, lorsque je retournai pour la première fois à la Comédie française, je tombai dans un si violent accès de larmes que je me trouvai mal, et qu'il fallut m'emporter hors de la salle.

Cette cruelle émotion se renouvelant toutes les fois que je tentais de la vaincre, je m'étais résignée à ne plus aller à la Comédie française les jours où mademoiselle Contat devait jouer.

C'était une grande privation pour moi, qui mets au premier rang des plaisirs de l'esprit celui de voir bien jouer la haute comédie. Par une bizarre taquinerie du sort, cette femme, que je fuyais comme un souvenir déchirant, vint se loger dans une maison qui touchait à la mienne; c'était à un bout de Paris, dans la rue de la Rochefoucauld, quartier aujourd'hui très-habité, mais alors très-désert.

Le séjour de la prison rend avide de bon air, et mademoiselle Contat avait choisi cette habitation entourée d'un grand jardin, comme pouvant, à la rigueur, remplacer une maison de campagne.

Un mur très-bas séparait ce jardin du mien. Des fenêtres de mon appartement on voyait le parterre, la pelouse, l'allée où se promenait habituellement mademoiselle Contat. Quand le temps le permettait, je me promenais le long du mur qui séparait nos allées de tilleuls, et j'écoutais avec délices les accents de cette voix qui faisait battre mon cœur;

car le temps opère d'une manière étrange sur la douleur, et le souvenir qui nous tue aujourd'hui devient plus tard une triste et douce volupté de l'âme.

Je ne saurais peindre ce que j'éprouvais en retrouvant, dans un être complétement étranger à moi, ces regards, ces gestes, ces inflexions auxquelles j'étais accoutumée à obéir, ce sourire gracieux qui me récompensait de tout. Mon imagination était quelquefois exaltée, par cette ressemblance, jusqu'à la folie. Je restais des heures entières à contempler ce beau visage, à suivre tous les mouvements de cette femme qui me faisait l'effet d'une résurrection.

Il était impossible qu'une semblable préoccupation ne fût pas remarquée. Mademoiselle Contat voulut savoir le nom de cette jeune voisine qui passait à la regarder tout le temps qu'elle-même restait dans son jardin.

— Je la connais beaucoup, lui répondit le vicomte de Ségur.

Et il fit de moi un portrait que sa vieille galanterie flatta de son mieux. J'avais à ses yeux le mérite de l'avoir reçu dans un temps où ses ailes de pigeon et sa tenue aristocratique étaient aussi compromettantes pour ses amis que pour lui. Mais j'aime tous les genres de courage, et celui de braver le *sans-culottisme*, en conservant son costume de l'ancien régime, me plaisait à voir; j'aurais eu honte d'avoir peur de ce qui l'effrayait si peu. Ce sentiment me valut sa coquette amitié, car chez M. de Ségur la coquetterie se mêlait à tout. L'âge avait beau faire, il le traitait comme la Révolution, et ne lui sacrifiait aucune de ses habitudes.

Il vint me voir en sortant de chez mademoiselle Contat, et me répéta la conversation qu'il avait eue avec elle à propos de moi. Alors, craignant de passer pour une voisine curieuse et importune, je lui avouai la cause de mes contemplations, en ajoutant que mademoiselle Contat n'aurait plus à s'en plaindre.

— Elle ne s'en plaint pas le moins du monde, dit le vicomte; au contraire, elle est charmée du plaisir que vous trouvez à la regarder; mais pourquoi ne pas vous donner ce plaisir-là plus à votre aise? vous êtes ici comme dans un village, et à la campagne on voisine toujours.

— Je n'oserais : d'ailleurs vous savez que je suis

venue me loger ici pour vivre dans la retraite.

— Eh bien, vous avez tort; mademoiselle Contat reçoit en ce moment ce qui reste de la meilleure compagnie de Paris, et, soit dit sans vous offenser, on n'est pas exposé à trouver dans son salon les talents jacobins qu'on trouve souvent dans le vôtre.

— Ah! jacobins! vous vous trompez, ce sont des talents nés pendant la Révolution, et qui mettent à profit des idées nouvelles.

— Pour moi, c'est tout un; je hais également ceux qui l'ont faite et ceux qui en profitent.

Ceci s'appliquait à Talma, qui venait d'épouser la spirituelle Julie, celle qu'aimait encore le vicomte de Ségur.

Il revint, peu de jours après, avec M. Vigée, ami intime de mademoiselle Contat, me proposer de sa part d'entendre la lecture que devait faire chez elle un autre de nos amis communs. Il s'agissait du *Mérite des femmes*, pièce de vers dans laquelle Legouvé avait relaté, avec une sensibilité touchante, une partie des traits d'héroïsme et de générosité dont les femmes ont fourni tant de preuves pendant la Terreur; il avait choisi les plus célèbres, car des volumes n'auraient pas suffi au récit des actions sublimes qui honorèrent alors les femmes de tout rang. Ce dévouement sans faste, sans espoir, ces héroïnes dont chaque femme pouvait offrir un modèle, c'est leur multiplicité qui a empêché de les connaître. En France, on a tellement l'horreur du commun, que personne ne veut parler du sublime même dès qu'il court les rues.

On se demande quelquefois comment ces femmes si grandes, si courageuses, si dévouées, sont redescendues si vite à toutes les misères des petites âmes. C'est que les femmes n'ont qu'un défaut, la vanité; que ce défaut neutralise à lui seul toutes leurs vertus, et que, la faux révolutionnaire ayant nivelé tous les rangs, anéanti toutes les prétentions, engourdi tous les amours-propres, les femmes de ce temps ne restèrent plus soumises qu'aux impulsions de leur cœur généreux.

Je reçus le lendemain un de ces billets tels que mademoiselle Contat savait les écrire, où l'invitation la plus pressante se trouvait mêlée à de charmantes flatteries, le tout exprimé en mots simples, légers et piquants, enfin ayant toute la grâce d'une conversation spirituelle. C'est ce talent d'attacher de l'esprit aux choses les plus insignifiantes qui l'a fait appeler la *reine du billet*.

II

J'étais fort émue en entrant dans le salon de mademoiselle Contat, car j'avais peur de perdre quelque chose de l'illusion qui me la rendait si chère; c'était la première personne de son état que je voyais de si près, et je craignais que son ton ne répondît pas à l'élégance de son talent; mais ses manières distinguées, sa politesse affectueuse, ne me laissèrent pas longtemps cette crainte; rien dans ce salon ne rappelait l'actrice, ni les invités, ni la maîtresse de la maison. Un des canapés était occupé par la marquise de J... et madame Des...; sur l'autre, étaient assises madame de Soulès, la femme du receveur-général de Rouen, et la célèbre madame Lebrun; près d'elles, se trouvaient madame de Beaufort, madame Legouvé, et une jeune femme d'une beauté ravissante, qui gagnait tellement à être vue de près, qu'on avait peine à la reconnaître. C'était, à cette époque, la seule femme du Théâtre-Français admise chez mademoiselle Contat, et tous ceux qui ont si souvent admiré depuis la grâce pudique et le ton si naturellement distingué de mademoiselle Mars, trouveront cette préférence exclusive très-bien motivée.

Il y avait, en hommes, l'élite des gens du monde, et pas un des grands personnages du jour. Sauf quelques jeunes auteurs, le salon était composé de personnes plus ou moins blessées par la Révolution, et qui espéraient l'oublier et l'annuler peut-être en abandonnant la politique pour se livrer, comme autrefois, au charme de la conversation légère.

Le comte Louis de Narbonne, le marquis de Jaucourt, le vicomte de Ségur, le marquis de Girardin, le marquis de Gontaut Saint-Blancar, et MM. Vigée, Desprez, de Parny, y représentaient l'esprit, la gaieté, la galanterie de l'ancien régime, et de jeunes talents y discutaient avec éloquence sur les innovations dramatiques et littéraires qui paraissaient chaque jour; car, il faut bien se l'avouer, nous n'avons que la caducité du romantisme : l'époque qui vit naître *Atala, René, Pinto, Édouard en Écosse* et *Christophe Colomb*, n'est-elle pas le berceau du poëme romantique et du drame historique? Les innovations dont on se montre si fier aujourd'hui ont-elles dépassé la création d'Atala, du père Aubry, et de cet amour si chastement incestueux, qui obtient la pitié des cœurs les plus purs, et fait tant pleurer sur le sort de René?

Les plus belles pages de nos modernes prosateurs sont-elles plus éloquentes, plus riches de pensées, de mélancolie, que les fragments de Corinne et les imprécations de Velleda? L'adultère dramatique, si revendiqué de nos jours, a-t-il produit plus d'effet que dans *la Mère coupable,* dans *Misanthropie et Repentir?* Ah! si les sanglots se comptaient, combien ceux qu'ont obtenus ces deux ouvrages l'emporteraient sur les recettes en *larmes* de nos drames *adultérins!*

Présumant bien que les hommes qui se trouvaient chez mademoiselle Contat, méritaient tous d'être connus, je priai M. de Ségur de me nommer les plus marquants.

— Ce petit homme aux yeux baissés, à l'attitude modeste, qui se blottit toujours dans le coin d'un salon pour qu'on aille l'y chercher... c'est Collin-d'Harleville, dit M. de Ségur. Le succès qu'il doit et qu'il a valu à mademoiselle Contat, dans son *Vieux Célibataire*, pouvait seul le décider à venir ce soir; il vit loin du monde où il ne produit plus d'effet; sa prétention est la douceur, son ambition la modestie. C'est la violette de l'Institut; mais ses ennemis prétendent que cette violette est en procès avec toute sa famille.

— Qu'importe ? il n'en a pas moins fait *l'Inconstant*, *les Châteaux en Espagne*, et ce rôle de madame Évrard, qui semble un oubli de Molière.

— J'admire fort tout cela, reprit le vicomte, mais encore plus sa superbe haine contre le septembriseur Fabre d'Églantine, qui avait plus de talent que lui. Ce drôle-là n'avait-il pas imaginé de remplacer le nom des saints du calendrier par des noms de légumes! J'ai cherché celui qui avait pris la place de mon patron; il se trouva que je m'appelais *Chou-Frisé*.

Je ris de cette folie, que la frisure du vicomte rendait assez comique; puis, je lui demandai quel était ce gros monsieur poudré qui causait avec Collin-d'Harville.

— C'est Desfaucherets, l'auteur du *Mariage secret*, à qui mademoiselle Contat croit bonnement devoir un succès qui n'est dû qu'à son jeu ravissant. Tout vieux qu'il est, elle fonde sur son talent de grandes espérances, mais elle se trompe. Son *Mariage secret* sera l'histoire de sa vie, et même une histoire assez mal écrite.

— C'est toujours un mérite que de savoir mettre à profit le plus beau talent de son siècle.

— Sans doute, l'arbre qui ne peut mûrir en plein vent doit avoir recours à l'espalier. En voilà un qui poussera bien tout seul, ajouta-t-il en me montrant un jeune homme dont la figure spirituelle promettait tout ce qu'il a tenu depuis.

— Je le reconnais, dis-je; c'est l'auteur d'*Agamemnon* : un de ses amis l'a amené dans ma loge pendant que le public l'applaudissait et l'appelait à grands cris après la première représentation de sa tragédie. La manière dont il a répondu aux compliments dont on l'accablait, m'a donné une grande idée de son esprit. Il est si rare de voir l'auteur qu'on applaudit exempt d'une ridicule présomption comme d'une hypocrite modestie!

— Ah! reprit-il, vous ne risquez rien de lui croire tout l'esprit possible, car ses ouvrages eux-mêmes n'en auront jamais tant que lui.

Puis M. de Ségur, après m'avoir montré M. de Parny, *l'amant d'Éléonore*, m'apprit que le neveu du poëte érotique, épris depuis plusieurs années de mademoiselle Contat, venait, disait-on, de l'épouser, mais qu'elle ne déclarerait ce mariage qu'au moment où elle quitterait le théâtre.

Ce dévouement mutuel n'étonnait personne; car, malgré ses quarante ans et son embonpoint, mademoiselle Contat était encore séduisante, et le jeune Parny joignait au plus beau visage la plus élégante tournure française; mais ce qui doublait ses avantages, c'était le peu de cas qu'il en faisait. Jamais je n'ai vu une beauté d'homme plus agréable et mieux pardonnée.

— Voici mon jeune complice, continua M. de Ségur, en me désignant M. Emmanuel Dupaty; nous avons fait ensemble *l'Opéra-Comique*, ce petit acte qui a été mis en musique à la campagne chez vous, par *Della Maria*. C'est bien le plus aimable collaborateur du monde que ce cher Emmanuel ; d'abord, parce qu'il fait les trois quarts de l'ouvrage ; ensuite, parce qu'il le sème de jolis couplets, de mots piquants, et puis, parce qu'il dit de si jolies choses aux amoureuses et aux grandes coquettes, qu'elles jouent ses rôles avec un zèle tout particulier. Je regrette bien de ne lui avoir point donné une place dans mon *Cabriolet jaune* (1), il n'aurait pas versé si rudement. Savez-vous, ajouta-il, l'avanie que les républicains de la porte m'ont fait subir hier soir à la sortie de Feydeau ? Les coquins se sont mis à crier à tue-tête :

» — *Le Cabriolet jaune de M. de Ségur !*

Et Dieu sait les rires qu'il m'a fallu traverser pour rejoindre mon cabriolet.

» — Il va retomber ! disaient les uns.

» — Quoi ! sitôt relevé ? disaient les autres. »

Heureusement je riais plus que personne, et ma gaieté a déconcerté leur malice.

(1) Titre d'un opéra-comique tombé récemment.

En effet, rien n'égalait la gaieté franche avec laquelle le vicomte de Ségur se sacrifiait à une bonne plaisanterie. Il avait, comme un autre, sa part de ridicules; mais il les connaissait, les choyait, les aimait et les faisait aimer, car ils étaient amusants.

Par exemple, ce soir-là, mademoiselle Contat eut recours à lui pour distraire ses invités de l'ennui d'attendre Legouvé, qui, selon sa coutume, arrivait toujours trop tard : ce n'était pas chez lui impolitesse ni calcul d'effet; il flânait, voilà tout.

C'était le temps où l'*antique* régnait, comme aujourd'hui le *rococo*; la mode, cette fée despotique, qui métamorphose à son gré les choses et les gens, avait, d'un coup de sa baguette, changé les salons en *atrium*, les fauteuils en chaises curules, les robes en tuniques, les gobelets en coupes, les souliers en cothurnes et les guitares en lyres.

Une de ces lyres nouvelles venait d'être donnée à mademoiselle Contat; mais, de tous les amateurs de guitare qui se trouvaient là, nul ne pouvait ou ne voulait s'en servir, tant cet instrument pindarique forçait à une attitude ridicule. Le vicomte de Ségur eut seul le courage d'accepter la lyre des mains de mademoiselle Contat, et de s'accompagner en chantant une chanson nouvelle.

Le costume anti-grec du chanteur, sa coiffure en petits crochets frisés et poudrés, ses mines de vieille cour, ses cinquante ans, sa voix frêle et sa prononciation à la mode des ci-devant élégants de Versailles, cette lyre posée à la manière de Phidias, tout cela offrait l'image d'un Apollon si grotesque, que je ne pus m'empêcher d'éclater de rire.

Je n'avais pas alors cette charitable hypocrisie qui sait jouir des ridicules en silence ; d'ailleurs, j'avais un grand fond d'amitié pour M. de Ségur, et l'on se croit trop souvent dispensé d'égards pour les gens qu'on aime. Mon éclat de rire fit jour à tous ceux qu'on étouffait ; alors, le vicomte, voulant prendre sa part de l'effet qu'il produisait, avança son siége de manière à pouvoir se mirer dans une glace : il plaisanta mieux que personne sur sa tenue olmypique, puis il chanta avec esprit une des plus jolies chansons de son frère, et chacun l'applaudit sincèrement, avec autant de plaisir qu'on en avait pris l'instant d'avant à se moquer de lui.

Enfin on annonça Legouvé ; il venait de la Comédie française, où il avait été retenu par l'intérêt des débuts de son élève, mademoiselle Duchesnois, qui faisait retentir la salle d'applaudissements chaque fois qu'elle jouait le rôle de Phèdre.

La table, le verre d'eau sucrée étaient préparés, et les causeurs de la chambre à coucher rentrèrent dans le salon pour entendre la lecture. C'est alors que j'aperçus Alexandre Duval ; et je m'étonnai de sa présence ; car je le croyais brouillé pour jamais avec la maîtresse de la maison.

— Que vous êtes jeune ! me répondit M. de Ségur, d'un air de pitié ; croire que deux personnes qui ont mutuellement besoin l'une de l'autre puissent se brouiller sérieusement ! Il est vrai, qu'à la dernière répétition du drame que l'on monte en ce moment à la Comédie française, il s'est élevé entre l'auteur et l'actrice une petite discussion; que mademoiselle Contat, ne pouvant obtenir de Duval le changement qu'elle exigeait dans une scène, lui a tout bonnement jeté le cahier de son rôle à la tête ; que Duval, après avoir ramassé son rôle et pris le manuscrit des mains du souffleur, est sorti en affirmant bien que la pièce ne serait représentée qu'autant qu'on n'y ferait aucun changement. Il est vrai que tout cela a mis le théâtre en rumeur; on ne savait qui l'emporterait, de la volonté de la femme ou de celle du Breton; mais, comme la pièce promet un grand succès à l'actrice, et que l'actrice n'en promet pas moins à la pièce, leur intérêt commun devait bientôt les rapprocher.

C'est ce même ouvrage que les applaudissements du duc de Choiseul et les éloges du comte de Ségur rendirent suspect au premier consul, et qui valut à l'auteur une invitation d'exil à laquelle il fallut se rendre.

Le même sort menaçait à la même heure M. Emmanuel Dupaty. Il faisait répéter à l'Opéra-Comique un petit ouvrage ayant pour titre *l'Antichambre*. Certes, l'auteur ne prévoyait pas que deux courtisans des Tuileries d'alors, auraient l'extrême humilité de reconnaître dans *Picaros* et *Diego* et dans la troupe de valets qui les mystifie, les candidats de la cour naissante qui devait bientôt compter des rois parmi ses personnages.

Les novateurs sont ombrageux, et celui qui méditait de greffer une cour à la Louis XIV sur une troupe de soldats républicains, devait craindre, avec raison, de voir livrer à la moquerie publique les essais burlesques de ses nouveaux seigneurs.

Dans cette petite pièce si gaie, et qui charmerait encore les spectateurs, s'il y avait à l'Opéra-Comique un talent qui pût rappeler le chant et le jeu de Martin, car Ponchard est encore un Diégo parfait ; dans cette pièce, le valet déguisé se vantait à un faux brave d'être resté plusieurs années au *service*. Ce calembour, très-innocent, fut dénoncé au premier consul comme une insulte faite à l'armée ; et aussitôt M. Dupaty, pris par des gendarmes et jeté dans une chaise de poste, fut conduit à Brest pour y être renfermé sur un ponton, espèce de cachot aquatique où l'ennui, la mauvaise nourriture et les miasmes pestilentiels ne font pas de vieux prisonniers.

Ces exemples, joints à tant d'autres disgrâces qui les ont précédés ou suivis, prouvent seulement que, sous les gouvernements trop forts ou trop faibles, l'esprit et le talent sont traités de même en ennemis, ce qui vaut encore mieux, selon nous, que de n'être ni protégé ni persécuté ; car la haine stimule et l'indifférence paralyse.

III

Aux premiers accents de la voix grave et sonore de Legouvé, toutes les conversations cessèrent. Au titre du *Mérite des Femmes*, les galantins du salon risquèrent quelques fadeurs en manière de préface; les malins sourirent d'un air qui voulait dire : Je ne serais pas fâché de le connaître, et M. de Ségur me dit tout bas en riant :

— *Le Mérite des femmes*, ah! tant mieux! ce ne sera pas long.

En effet cela ne parut long à personne; les vers sur les sœurs de charité et sur l'héroïsme de mademoiselle de Sombreuil firent couler de sincères larmes. On applaudit aux sentiments et au talent de l'auteur avec un égal enthousiasme. Les pauvres échappés du martyre général étaient encore si pénétrés d'horreur pour les bourreaux, de pitié pour les victimes, et d'admiration pour tant de nobles dévouements de femme, que tous les cœurs se sentirent vivement émus à ces vers.

> La peur régnait partout, plus de cœurs, plus d'ami;
> Le Français du Français paraissait l'ennemi.
> Chacun savait mourir, nul ne savait défendre;
> Elles seules, d'un zèle ingénieux et tendre,
> Pour détourner la mort qui nous menaçait tous,
> Osèrent des tyrans aborder le courroux, etc., etc.

En écoutant ces vers assez médiocres, chacune de nous était fière, car nous avions toutes fait plus ou moins nos preuves de courage; les yeux se fixaient sur madame Lebrun, que ses amis avaient pour ainsi dire, chassée de France au moment où elle allait payer de sa vie l'honneur d'avoir doté notre histoire du plus beau portrait de la reine martyre. On se rappelait la reconnaissance courageuse qu'elle n'avait cessé de montrer pour ses augustes protecteurs; et cette fidélité de sentimens, qui devait résister même aux séductions de l'empire, rehaussait encore l'admiration qu'inspirait son talent. Jamais femme ne fut plus richement douée par le ciel. Madame Lebrun était à la fois belle et jolie, brillante et simple, spirituelle et bonne. Peintre de la pensée autant que de la figure, elle a mis dans ses portraits une vérité, un charme d'expression qui défient l'idéal; poëte dans son talent, dans sa conversation, dans sa parure même, on lui a pardonné d'être originale, parce qu'elle n'en a jamais eu la prétention. Ce jour-là, le visage de madame Lebrun avait tout l'éclat de la jeunesse, et pourtant ses succès dataient de longtemps avant la Révolution. Mais elle était si heureuse de se retrouver en France au milieu des gens d'esprit et de talent dont elle aimait à s'entourer, que ses yeux brillaient de joie, et cette expression si animée, son teint si frais, ses cheveux blonds si admirables, trompaient sur son âge, car elle avait tout ce qu'on aime dans une jeune femme.

Son frère, M. Vigée, homme d'esprit, était l'auteur de l'*Entrevue*, petite pièce facilement versifiée, où mademoiselle Contat et Molé jouaient dans une perfection telle qu'on se croyait témoin d'une véritable querelle de ménage. Ce succès devait nécessairement exalter la reconnaissance de M. Vigée; aussi son adoration pour mademoiselle Contat lui a-t-elle inspiré plusieurs jolies pièces de vers. Une teinte de pédanterie gagnée au professorat des athénées nuisait beaucoup à l'esprit léger et gracieux de Vigée, et donnait aux jolis riens qu'il disait une pompe ridicule; aussi l'accablait-on d'épigrammes. Lebrun-Pindare l'avait appelé *Figé*. Arnault prétendait qu'il professait dans le ventre de sa mère; et mademoiselle Contat elle-même le plaisantait souvent sur sa futilité solennelle. Alors il prenait de l'humeur et l'on en riait davantage; ce qui n'empêchait pas qu'il fût bon, spirituel et dévoué de cœur à tous les jeunes talents dont il se croyait le maître.

Legouvé était de ce nombre; il l'avait non-seulement encouragé, mais il l'avait fait applaudir; c'est par suite des éloges et de la recommandation de Vigée que la Comédie française s'était décidée à jouer *la Mort d'Abel*. On devine tout ce que l'ancienneté du sujet et la nouveauté du costume devaient élever d'obstacles contre l'ouvrage du jeune tragique; mais si le zèle de l'ami a puissamment servi

Legouvé dans cette occasion, la pédanterie du professeur lui a nui dans beaucoup d'autres : il y avait dans le talent de Legouvé une velléité de cet affranchissement dramatique dont l'abus même a prouvé la nécessité ; mais les timides hardiesses du jeune auteur étaient aussitôt réprimées par le professeur routinier. Il résultait des conseils de Vigée que Caïn, dessiné d'après la Bible, parlait comme l'Oreste de Voltaire, Abel comme Zaïre, et que la simplicité farouche de ce premier crime du monde disparaissait sous le langage policé du criminel et de sa victime. L'auteur voulait mieux, et l'on peut s'en convaincre par quelques belles scènes où son talent brave la routine et la férule de son ami.

J'avais beaucoup entendu parler du comte Louis de Narbonne, de son ancien amour pour mademoiselle Contat, et, sans l'avoir jamais vu, je l'eus bientôt reconnu. Il y avait tant de goût, tant de grâce, dans les compliments qu'il adressa à Legouvé, et tant de coquetterie dans ce qu'il dit du *Mérite des Femmes*, que je devinai en lui l'homme le plus habitué à leur plaire. L'amitié qu'il conservait à mademoiselle Contat faisait leur éloge à tous deux ; il est si rare d'aimer bien et longtemps ce qu'on a trop aimé! Et puis, un homme à la mode rester l'ami de celle qui a de l'amour pour un autre, tout cela donnait l'idée que M. de Narbonne pouvait être encore plus qu'*aimable*, ce qu'il a suffisamment prouvé, sinon pendant qu'il a été ministre, au moins par un grand nombre d'actions nobles et courageuses. On doit mettre en tête de ces dernières la lettre qu'il écrivit à la convention nationale pour justifier Louis XVI d'avoir, comme on l'en accusait, négligé les moyens de mettre le royaume en état de défense. Pourtant cette démarche n'avait pas suffi pour laver M. de Narbonne aux yeux des siens du crime d'avoir embrassé le parti populaire. C'est à cette rancune aristocratique que l'empereur a dû un courtisan modèle, un ambassadeur plus zélé qu'heureux, et l'un de ses plus braves aides de camp.

La haine qu'excite la rivalité entre deux *agréables* survit de beaucoup aux agréments et aux succès qui l'ont fait naître. Aussi le vicomte de Ségur, tout en rendant justice au mérite de M. de Narbonne, était-il fort soigneux de faire ressortir ses travers. Il lui reprochait surtout la complaisance avec laquelle il s'était laissé accompagner par madame de Staël lorsqu'il alla, comme ministre de la guerre, visiter toutes les places fortes de nos frontières. Le vicomte de Ségur me dit, à propos de ce voyage, un mot charmant du baron de Staël, qui vaut tous ceux de sa femme, et qui, de plus, a l'avantage d'être unique et peu connu.

Peu de temps après avoir quitté le ministère, M. de Narbonne, qui n'en avait nullement profité pour rétablir sa fortune, se vit poursuivi avec acharnement par ses créanciers. Un ami indiscret apprend à madame de Staël que M. de Narbonne va être conduit le jour même en prison s'il ne peut se procurer à l'instant la somme de trente mille francs. Alors, cédant au mouvement d'une amitié passionnée, madame de Staël va trouver son mari, lui peint l'affreuse situation du comte Louis, et lui demande s'il n'aurait pas un moyen de le sauver.

— Ah! vous me comblez de joie, s'écrie M. de Staël.

Puis, tirant d'un portefeuille la somme qui doit assurer la liberté de M. de Narbonne, il la remet à sa femme, et ajoute d'un ton pénétré :

— Jugez de mon bonheur! je le croyais votre amant!

On annonça que le souper était servi, M. de Parny m'offrit la main pour passer dans la salle à manger, et se plaça en maître de maison, de manière à ne laisser aucun doute sur son mariage avec mademoiselle Contat.

A peine étions-nous assis à cette table servie avec recherche et élégance, qu'on annonça un message de la Comédie française.

Mademoiselle Contat, fort contrariée d'être ainsi rappelée aux ennuis de sa profession au moment où elle les oubliait si bien, fit répondre qu'il était trop tard pour qu'elle s'occupât d'affaires de théâtre, et qu'on eût à revenir le lendemain matin.

— Mais, madame, reprit le domestique, c'est M. Florence lui-même qui vient au nom du comité pour une chose très-importante; il ne veut pas s'en aller sans avoir parlé à madame.

— Eh bien, dit mademoiselle Contat avec assez d'humeur, qu'on le fasse passer dans mon cabinet, j'irai le rejoindre tout à l'heure.

— Ah! faites-le entrer, s'écria madame de J...;

laissez-nous voir Florence en ambassadeur; nous ne l'avons jamais vu que dans l'emploi de confident.

— Vous avez raison, il y est bien moins mauvais, dit mademoiselle Contat, et vous aurez peine à croire que le plus médiocre acteur de la Comédie en soit le meilleur directeur. Il a une volonté sourde et masquée, à laquelle on obéit sans savoir pourquoi. Cependant j'ai la présomption de braver audacieusement sa volonté dès qu'elle me contrarie.

— Je ne sais pas ce qu'il vient solliciter d'elle, me dit tout bas Vigée, mais je parierais cent contre un qu'il l'obtiendra.

Florence, demandé avec acclamations par tous les convives, parut, et salua tout le monde de cet air humble habituel aux confidents et aux solliciteurs. Il se fit un grand silence, comme lorsqu'il venait faire une annonce solennelle sur le théâtre; en effet, la situation était à peu près la même, car il venait apprendre qu'une indisposition subite survenue à son camarade Talma empêcherait la représentation de *Mantius*, qui était affichée pour le lendemain, et que, dans son embarras, la *Comédie* suppliait mademoiselle Contat de vouloir bien jouer *le Misanthrope* et *les Fausses Confidences*, en ajoutant, avec adresse qu'elle seule pouvait dédommager le public et le caissier du théâtre de la représentation que la maladie de Talma faisait manquer.

Le refus le plus net répondit à cette vérité flatteuse ; tout autre que Florence en eût été complétement découragé, car le sourire dédaigneux et le ton impérieux qui consolidaient ce refus ne devaient laisser nulle espérance. Cependant il insista ; il plaida pour les sociétaires, pour les loges à l'année, tout cela inutilement ; à ce ramage suppliant mademoiselle Contat répondait avec impatience :

— Je ne veux pas jouer demain, laissez-moi tranquille!

Comme on dit à un importun mendiant : éloignez-vous, je n'ai pas de monnaie !

Après avoir ainsi épuisé son éloquence de *semainier* en vaines prières, Florence, qui était resté debout derrière le siége de mademoiselle Contat, de même que *Narcisse* derrière celui de *Néron*, fit quelques pas, comme s'il allait se retirer, puis se rapprochant tout à coup :

— En vérité, madame, vous êtes sans pitié, dit-il

avec l'accent du désespoir; m'obliger, à l'heure qu'il est, d'aller faire réveiller madame Petit (1), pour la conjurer de vous doubler demain dans *la Mère coupable*, c'est une barbarie ; car elle est souffrante aussi, et pourtant elle jouera, j'en suis sûr. Elle est si bonne camarade !

Tout l'esprit du monde ne peut rien contre les infirmités de l'amour-propre, et je ne saurais peindre l'effet magique que produisit sur mademoiselle Contat le nom de *madame Petit*, à propos d'un rôle dans lequel cette dernière lui était fort supérieure. C'était un drame, il est vrai, et le ton de la haute comédie étant fort au-dessus et fort opposé au ton larmoyant, on ne pouvait s'étonner d'y voir échouer la plus parfaite Célimène qu'il y ait eu depuis celle qui servit de modèle à Molière. Mais la perfection dans le premier genre ne sauve pas de la prétention de dominer aussi dans le second, et mademoiselle Contat ne pouvait supporter l'idée de voir qu'un rôle monté par elle fît plus de sensation quand il était doublé que lorsqu'elle se donnait tant de peine pour y rabaisser son talent.

(1) Mademoiselle Vanhove, depuis madame Talma.

— Faites attention, me dit en riant Vigée, voici la scène qui commence.

En effet, mademoiselle Contat, changeant subitement de ton, dit avec une sorte de commisération :

— Quoi ! il est plus de minuit, et vous allez tourmenter aussi cette pauvre femme pour la faire jouer demain ! mais c'est vous qui êtes impitoyable !

— Sans doute, je remplis un devoir pénible, reprit Florence : mais comment faire ?

— Eh bien, qu'on fasse relâche par indisposition.

— C'est impossible, madame, les rhumes ont déjà fait assez de tort aux *parts* de ce mois-ci. On ne peut sacrifier une recette.

— Vraiment ! à l'entendre, on croirait que c'est de moi seule que dépendent la vie des acteurs et la ruine de la Comédie française ! cela n'a pas le sens commun.

— Cela est pourtant, reprit le semainier de l'air épanoui d'un avocat qui voit le succès de son dernier moyen. Mais, madame, j'ai déjà trop abusé de votre patience, ajouta-t-il en saluant tout le monde. Et il se disposa à sortir.

Le vicomte de Ségur, qui s'était aperçu des premiers du changement que le nom de madame Petit avait apporté dans la détermination de mademoiselle Contat, vint à son secours en blâmant avec une fausse chaleur sa résistance aux prières de la Comédie et aux vœux du pubiic ; chacun, devinant l'intention charitable de M. de Ségur, joignit ses instances aux flatteries du grondeur, et mademoiselle Contat, charmée de se voir contrainte à faire ce qu'elle désirait, rappela Florence pour lui dire :

— Puisqu'on le veut absolument, je jouerai demain *le Misanthrope* et *les Fausses Confidences.*

IV

Peu d'années après, mademoiselle Contat loua le château d'Ivry, près de Paris. Madame d'Hautcourt, autrefois propriétaire du château, y avait fait bâtir une jolie salle de comédie, que madame de Parny voulut employer à préparer les débuts dramatiques de sa fille.

Cette jeune personne, avec une taille élégante, un esprit distingué, et d'excellentes manières, n'était pas assez jolie pour l'emploi des amoureuses et avait trop bon ton pour jouer les soubrettes. Il était facile de voir qu'elle n'avait pas été élevée pour le théâtre, et qu'à défaut de la fortune qu'elle avait droit d'espérer, elle voulait s'en faire une par son talent. Malgré la sécurité que devaient lui donner sa mémoire, son intelligence et les conseils de sa mère, elle était d'une extrême timidité; et ce fut pour l'encourager et lui donner quelque habitude de la scène que madame de Parny eut l'idée de la faire débuter sur le petit théâtre d'Ivry, devant un public d'amis indulgents.

La représentation fut fixée au jour de la fête de Louise Contat. On choisit, comme de raison, le chef-d'œuvre de Molière, et les plus grands talents de la Comédie s'offrirent pour seconder le début de la jeune Amalric. Mais, par un calcul fort bien entendu, sa mère voulut mêler des amateurs spirituels à des professeurs si imposants, et elle distribua les rôles de manière à ce que chacun débutât dans le sien. C'était dérouter les supériorités de la troupe, et assurer à la jeune débutante un avantage marqué sur les talents de société chargés des rôles principaux.

L'auteur du *Séducteur amoureux*, de *Ma tante Aurore*, et de plusieurs ouvrages pleins d'esprit et de gaieté, M. de Longchamps, fut choisi pour représenter *Tartufe*. Mademoiselle Contat, pensant que l'homme qui lisait le mieux la comédie devait la jouer de même, confia le rôle de Cléante à M. de Chazet; voici comment les autres étaient distribués :

Madame Pernelle......	Mademoiselle Contat.
Elmire	Mademoiselle Mars.
Dorine................	Amalric Contat.
Orgon	Fleury.
Valère................	Armand.
Damis.................	M. d'Ha...
Marianne	Mademoiselle Fleury, fille de l'acteur.
M. Loyal..............	Dazincourt.
Flipote	Émilie Contat.

A peine ce projet de spectacle fut-il connu, que madame de Parny reçut de tous côtés des demandes d'invitation. Mais elle n'en envoya qu'aux gens de sa connaissance, dans la crainte d'intimider la jeune Dorine.

Mademoiselle Mars, si adorable dans les ingénues, ne s'était pas encore montrée dans les rôles où mademoiselle Contat se faisait toujours applaudir. Passer subitement de Victorine à Elmire, c'était franchir un grand pas; et la perfection timide de mademoiselle Mars eût peut-être hésité longtemps à s'emparer du sceptre de la haute comédie, si mademoiselle Contat n'avait mis autant de grâce que de zèle à lui apprendre comment on règne sur un public éclairé.

Rien ne démontre mieux la supériorité d'esprit de mademoiselle Contat que son application à développer chez mademoiselle Mars le talent qui devait détrôner le sien. Ce n'est pas que mademoiselle Contat ne fût, comme toutes les grandes puissances, en garde contre l'héritier présomptif; mais ici son cœur l'emportait sur tous les intérêts de son amour-propre. Elle aimait non-seulement mademoiselle Mars pour elle, mais aussi pour l'amour de son fils, qui adorait la charmante ingénue; car madame de Parny était bonne mère, bonne fille, bonne sœur, et ces vertus patriarcales ont bien plus de mérite dans l'actrice, que tant de succès, de plaisirs, peuvent distraire de ses devoirs de famille.

L'exemple, les conseils dramatiques de mademoiselle Contat, joints au naturel exquis de mademoiselle Mars, devaient produire le talent qui récolte encore aujourd'hui les justes applaudissements de nos enfants, après avoir épuisé les nôtres. Pourtant excepté dans la pureté de la diction et dans cette prononciation correcte du bon français, dont la tradition se perd tous les jours, les talents de mademoiselle Contat et de mademoiselle Mars n'offrent aucun rapport. L'une avait plus de verve, l'autre a plus de goût; mademoiselle Contat commandait la scène; sa coquetterie impérieuse, sa gaieté piquante, sa vivacité d'esprit, l'autorité de ses manières, en faisaient une Célimène accomplie : c'était bien là la maîtresse de maison, enjouée, moqueuse, qui passe en revue tous les ridicules de ses amis pour impatienter l'homme qui l'aime. Molé prétendait que, lorsque, dans la scène du quatrième acte, elle se retournait en disant : *Il ne me plaît pas, moi !* l'illusion était telle qu'il restait foudroyé sous cette volonté puissante, sous cette conscience profonde de l'empire d'une femme perfide ou non sur un homme passionné.

Le regard qui accompagnait ce mot ou plutôt cet arrêt de Célimène justifiait à lui seul la faiblesse d'Alceste. Ce regard despotique, brûlant de colère et d'amour, expliquait la fascination qui attire un cœur vrai sous les serres de la coquette: il fallait l'adorer, lui obéir, la croire : infidélités, mensonges, reproches, perfidie, il fallait tout endurer plutôt que de la perdre! Atterré par cette force invincible, Molé balbutiait naturellement les premiers vers de sa réponse, ce qui produisait un effet au-dessus de tous ceux que l'art seul peut enfanter.

On assurait que ce grand acteur devait son talent, si plein de chaleur et d'âme, à l'amour que lui avait inspiré la séduisante *Suzanne* lorsqu'il jouait le *comte Almaviva;* cet amour, dont il a pensé devenir fou, n'était bien écouté que sur la scène; et l'on conçoit tous ses efforts à le rendre aussi éloquent, aussi entraînant qu'il lui était possible.

C'est une bonne fortune pour le talent d'un acteur que la cruauté de la femme obligée d'entendre chaque soir, en public, ses aveux, ses serments d'amour, et de feindre même d'y répondre. La voix devient alors riche en inflexions persuasives; l'acteur disparaît sous l'amant, et la sympathie qui naît de la vérité agit bientôt sur tous les spectateurs. Peut-être l'indifférence de la grande coquette est-elle une condition indispensable de cet effet sympathique; car l'amour ambitieux fait plus de miracles que l'amour reconnaissant.

Mais si mademoiselle Contat n'a pas été remplacée dans les rôles de Célimène et de Suzanne, elle a été surpassée de beaucoup par mademoiselle Mars dans la noble retenue d'Elmire et dans la charmante imprudence de la Sylvia des *Jeux de l'Amour et du Hasard*.

Jamais le bon goût, les manières naturellement pudiques de l'actrice n'ont mieux triomphé d'une situation scabreuse. Jamais l'odieux du caractère de Tartufe n'a été plus frappant; car nulle démarche inconséquente, nul regard agaçant n'ont dû encourager ses propos corrupteurs; jamais cette femme, belle et honnête, n'a mérité l'insulte d'une pareille déclaration, et l'on se sent ému de pitié en voyant la torture que lui impose l'incrédulité de son mari. La gaieté grivoise du parterre, si bien provoquée par les paroles téméraires de Tartufe et par la position ridicule d'Orgon, est comprimée par le chaste embarras d'*Elmire*. Qui serait assez barbare pour rire de son supplice ? Voilà ce que la nature et le talent de mademoiselle Mars lui rendent si facile à peindre. Que de fois, en l'admirant dans ce rôle, j'ai pensé au plaisir qu'aurait eu Molière de se voir ainsi compris dans ses intentions les plus nobles, les plus délicates! car, s'il a créé *Elmire*, nous seuls l'avons vue.

J'aimais à rapporter une partie de la supériorité de mademoiselle Mars dans ce rôle aux leçons de mademoiselle Contat; et comme j'en faisais compliment à celle-ci :

— Vous me flattez, répondit-elle; je lui ai appris tout au plus à tenir ses coudes un peu moins en arrière, à quitter ses attitudes de jeune fille pour prendre celle d'une femme du monde; son intelligence a fait tout le reste. C'est un *diamant*, vous dis-je, qui n'est pas encore enchâssé comme il doit l'être; mais vous le verrez bientôt dans son éclat.

Et le nom de *diamant* en est resté à mademoiselle Mars. Pourquoi ne peut-elle pas en dire autant d'une de ses élèves!

Le jour de la fête, un grand dîner devait précéder le spectacle, et tous les convives étaient déjà réunis dans le salon, lorsque madame de Parny vint s'excuser de les avoir fait attendre. Elle nous dit qu'obligée de se rendre le matin à Paris, pour tenir un enfant, avec M. de Chazet, sur les fonts de baptême, elle n'avait pu être prête pour les recevoir.

En disant cela, ses yeux se fixèrent sur une riche corbeille, en satin bleu, remplie de gants, d'éventails, de rubans, de fleurs artificielles, enfin de tous les colifichets ruineux qu'un généreux parrain donne à sa commère. Madame de Parny ayant demandé d'où venait cette corbeille, on lui répondit que c'était le présent de son jeune compère. Alors, s'adressant à M. de Chazet.

— Il fallait donc, dit-elle, me prévenir de cela, mon ami, j'aurais demandé des vers à M. Récamier.

Or, M. Récamier était le millionnaire du jour, et Chazet, dont la famille avait tout perdu à la Révolution, n'était qu'un jeune auteur connu par des ouvrages spirituels et de jolis vers.

Le dîner, quoique fort nombreux, fut très-amusant; madame de Parny avait l'art de rendre la conversation générale en provoquant l'esprit de chacun sur le même sujet; sa voix, ses mots piquants, avaient le pouvoir de dissoudre tous les entretiens particuliers; sans s'en apercevoir, les causeurs intimes cessaient de se parler pour l'écouter, et lorsqu'elle avait porté l'attention générale sur l'esprit d'un seul ou de plusieurs de ses *fournisseurs* de la conversation, elle laissait ceux-ci se tirer d'affaire, sûre que le plaisir d'être écoutés leur donnerait les moyens d'être amusants.

Un des plus forts en ce genre était un homme destiné à obtenir trois succès, les plus différents et les plus éclatants de son époque. On devine que je parle de l'auteur de *la Vestale,* de *Sylla*, et de *l'Ermite de la Chaussée-d'Antin*. Eh bien, son talent et son bonheur dans ces ouvrages si applaudis le cédaient encore à la gaieté spirituelle, à la folie ravissante de sa conversation. C'était particulièrement dans ses discussions littéraires avec son ami, M. de Longchamps, que sa déraison passionnée lui fournissait le plus de mots comiques et d'exagérations fantasques; et puis, quand sa colère si éloquente, si inoffensive, si divertissante, en était venue à provoquer les éclats de rire de tout le monde, il riait aussi de lui-même, et déconcertait la moquerie par son esprit à y répondre.

Le dessert amena des chansons fort innocemment gaies, où Louise était fêtée sans fadeur par tous les poëtes amis. En sortant de table, on passa dans la salle de billard pour y voir faire une partie à Fleury, qui était de la seconde force à ce jeu ; mais, malgré le plaisir qu'il prenait à faire admirer son adresse, madame de Parny lui rappela qu'il était attendu au théâtre, et bientôt l'on vint avertir que le spectacle allait commencer.

Mademoiselle Contat étant restée presque jusqu'à ce moment à faire les honneurs de son salon, on crut qu'elle s'était bornée au rôle de directrice, et l'on ne saurait peindre l'effet que produisit son entrée, lorsqu'on eut reconnu ces beaux yeux, ce visage encore si frais sous la cornette et la pointe de dentelle noire de madame Pernelle.

Avant de l'avoir vue dans ce rôle, je ne me doutais pas du parti qu'on en peut tirer. C'était bien là le fanatisme domestique dans toute sa folie et son entêtement, c'était bien la vieille femme qui, après avoir été trop jolie pour son repos, voulait racheter ses péchés par les pénitences de sa famille entière. Ses premières sentences furen rononcées d'un ton si impérieux, c'était si bien le despotisme de la foi, que le caractère d'Orgon s'expliquait tout naturellement par la soumission aveugle et stupide dans laquelle sa mère l'avait élevé.

Cet exemple nous a prouvé à quel point les petits rôles des grands ouvrages ne doivent pas être livrés aux *doubles*; car de leur caractère bien établi dérivent la vérité du caractère principal et les événements qui résultent de ses manies ou de ses fautes.

Fleury fut excellent dans Orgon, et il fallait bien du talent pour donner à son regard fin, à sa voix si insinuante, l'air de la crédulité et le ton de la bonhomie.

Sa fille parut naïve et jolie dans Marianne.

Amalric Contat fit preuve d'un talent bien appris, qui ne devait ni tomber ni réussir.

M. de Longchamps joua en amateur distingué; mais son ami Chazet, étonné de voir sa jeunesse étouffée sous une perruque de raisonneur et un habit de père noble, prit son rôle dans une si grande tristesse, que mademoiselle Contat dans les coulisses, et moi dans la salle, nous en rîmes toutes les deux d'une manière scandaleuse. L'acteur intimidé fut bientôt vengé par l'auteur spirituel; et après avoir ri de Cléante, nous applaudîmes de bon cœur à la petite pièce de Chazet, intitulée *le Bouquet impromptu*, proverbe de circonstance qui suivit *le Tartufe*.

Le plus grand intérêt de cette soirée, qui restera parmi nos fastes dramatiques, fut le début de mademoiselle Mars dans l'emploi où elle a recueilli depuis tant de couronnes. Sa beauté, à laquelle on ne prenait pas assez garde sous le costume si simple des ingénues, parut éblouissante avec la robe de satin et l'élégante toque à plumes blanches d'Elmire.

Au théâtre, la noblesse des traits, la grâce du visage ne suffisent pas pour produire un effet *saisissant* (comme on dit aujourd'hui), il faut encore qu'une parure brillante et de bon goût en fasse ressortir l'éclat. L'uniformité paralyse l'admiration du vulgaire et ne fournit rien aux conversations; il faut donc qu'une actrice flatte l'inconstance humaine en variant sa parure; c'est être deux fois belle que de l'être sous un aspect nouveau, et mademoiselle Mars a pu s'en convaincre lorsqu'elle a joué le rôle de Benjamin dans le *Joseph* de M. Baour-Lormian. On n'a parlé pendant trois jours que de la tunique juive et du turban arabe qui l'embellissaient. Ce n'est pas qu'elle fût mieux sous ce costume qu'à l'ordinaire; mais elle était autrement, et la salle ravie éclata en applaudissements pour la remercier d'être si jolie. Notre petit public fit de même, et je vis naître dans notre enthousiasme pour la jeune Elmire la résolution que prit mademoiselle Contat de ne plus jouer ce rôle et de céder bientôt le sceptre de la comédie à celle à qui elle venait d'apprendre à le porter.

Après cette représentation, le salon de mademoiselle Contat retentit des éloges que méritaient, à tant de titres, les professeurs, les débutants et les élèves passés maîtres qui en avaient fait le succès : on parla du talent de démontrer, qui n'est pas toujours celui des grands acteurs; à ce sujet, mademoiselle Contat cita les obligations qu'elle avait eues autrefois à madame Préville.

— J'étais, dit-elle, fort embarrassée de mon maintien; ma mémoire excellente et mon attention à saisir les inflexions que Préville faisait passer par la bouche de sa femme pour me parvenir me rendaient le dialogue facile; mais, ne sachant que faire de mes bras, je tombais dans le tort des amateurs qui multiplient leurs gestes, croyant par là animer leur diction, défaut qui refroidit le plus un rôle. Pour m'en corriger, madame Préville me fixa les bras, pendant de chaque côté comme ceux d'une momie, en m'ordonnant de répéter ainsi sans les remuer. Cela ne me fut pas difficile tant que j'eus à converser en vers seulement ; mais dès que l'action devint plus vive et le dialogue plus animé, mes bras agirent involontairement.

— Bravo! s'écria alors madame Préville, voilà un geste excellent, gracieux, vif, naturel. Rappelez-vous bien, mon enfant, qu'au théâtre, comme dans un salon, il n'y a de bons gestes que ceux qu'on ne peut s'empêcher de faire, et qu'il faut s'interdire tous les autres.

Je rapporte cette leçon parce qu'elle me semble devoir être utile aux professeurs et surtout aux amateurs de comédie.

Mademoiselle Contat regardait Dugazon le comique comme le premier professeur du Théâtre-Français. Il excellait surtout à faire de bons élèves tragiques, et il possédait à tel point la tradition du fameux le Kain, que mademoiselle Contat ne pouvait lui entendre dire l'entrée de *Tancrède* sans être émue aux larmes, tant il lui rappelait ce grand tragédien; et cela, malgré la figure grotesque de Dugazon, malgré sa voix éraillée et sa tournure bouffonne. Comme elle nous avouait en avoir reçu un bon conseil dans le rôle de Suzanne :

— Il ne saurait être meilleur que la leçon que vous lui avez donnée dernièrement, dit Chazet.

Et il nous raconta comment, le public s'étant impatienté pendant un long entr'acte, Dugazon, se trouvant être semainier, avait fait lever la toile, et était venu dire qu'on ne pouvait commencer *le Mariage secret* par la raison que mademoiselle Contat seule n'était pas prête. Là-dessus le parterre siffle; on commence la pièce, il s'apaise. Madame de Volmar paraît, et des sifflets se font de nouveau entendre; surprise d'un accueil si extraordinaire, mademoiselle Contat en demande et en apprend bientôt la cause.

Alors, redoublant de grâce et de talent, elle contraint le parterre à l'applaudir avec autant de frénésie qu'il a mis de sévérité à la punir. Puis elle rentre triomphante dans la coulisse, et dit en riant au ci-devant terroriste :

— Eh bien, monsieur Dugazon, vous dénoncez donc toujours?

A ce mot, ajouta Chazet, le pauvre délateur fit pitié.

Cette leçon m'en rappelle une autre donnée aussi par mademoiselle Contat à un homme de lettres qui, connaissant son dévouement au malheur, s'était adressé à elle pour être secouru dans sa triste situation. En revenant d'Angleterre, il avait été arrêté comme émigré, et languissait dans la prison d'Amiens, manquant de tout, excepté d'eau et de pain. Mademoiselle Contat lui envoya aussitôt cinquante louis en or; ce qui, vu le passage des assignats, était une somme importante. Deux mois après, un ami de mademoiselle Contat lui dit :

— M... est libre, je viens de le rencontrer.

— C'est impossible.

— Comment, impossible?

— Il n'est pas à Paris, vous dis-je.

— Mais, madame, je viens de lui parler.

— Vision pure.

— Il m'a même dit qu'il était ici depuis plus de quinze jours.

— Je ne le croirai jamais.

Enfin, ne comprenant rien à cette incrédulité obstinée et n'en pouvant obtenir l'explication de mademoiselle Contat, l'ami fut la demander à M... Celui-ci répondit que sans doute elle lui en voulait de ne lui avoir point encore fait de visite ; mais, au lieu de réparer ce tort, il prit dans sa caisse un gros sac de douze cents francs, écrivit sur l'étiquette : *A mademoiselle Contat*, et le fit porter par un domestique.

Blessée de ce renvoi, qui n'était pas même accompagné d'un billet ni d'une carte de visite, mademoiselle Contat écrit sur le revers de l'étiquette : *Pour les prisonniers d'Amiens*, et fait rendre le sac au porteur.

Peu d'années après s'être retirée du théâtre, madame de Parny fut atteinte de la même maladie qui m'a enlevé ma mère ; cette conformité dans les traits, la voix et l'agonie, m'a tant frappée, que depuis je n'ai jamais vu mourir quelqu'un sans trembler pour l'être qui lui ressemble, et cette triste observation, ou plutôt ce pressentiment, s'est toujours vérifié.

Le docteur Corvisart possédait seul la confiance de madame de Parny. Mais il était goutteux, et il ne faisait plus de visites qu'à l'empereur. Madame de Parny, après l'avoir consulté plusieurs fois, revint un jour pour chercher la note du régime qu'elle devait suivre. Corvisart avait désiré s'entendre avec le docteur Hallé sur les remèdes à tenter, sinon pour sauver, du moins pour prolonger la vie de la malade.

Corvisart était encore au lit quand madame de Parny arriva; on la fait passer dans le cabinet du docteur, elle s'assied près de la table où il écrit d'ordinaire; sur cette table une lettre est commencée, et le nom de madame de Parny se trouve plusieurs fois dans la page. Elle ne résiste pas au désir de savoir ce que Corvisart dit de son état à M. Hallé, et ses yeux tombent sur un passage qui la condamne à mourir dans quatre mois, et détaille les moyens d'adoucir les atroces souffrances d'un cancer que l'état du sang de la malade ne permet pas de guérir.

Au moment où cette lecture venait de jeter une pâleur mortelle sur les traits de madame de Parny, Corvisart entra ; son œil d'aigle chercha tout de suite à savoir si la malade avait lu son arrêt. Mais le sourire charmant de madame de Parny, son courage à sauver à son ami la douleur de l'avoir livrée à toutes les terreurs d'une mort prochaine, trompèrent la crainte du docteur ; il ne crut point que la générosité pût donner tant de force. Prétextant la nécessité de se tenir les pieds chauds, il obligea la malade à s'approcher de la cheminée, et jeta négligemment son mouchoir sur la lettre commencée. Madame de Parny regarda d'un œil humide ces soins inutiles. Puis, emportant l'ordonnance d'une potion calmante qui devait lui assurer, disait-il, une *bonne nuit*, elle laissa le docteur heureux des espérances mensongères qu'il lui avait prodiguées.

Le soir même, son salon était rempli de monde, et l'on a remarqué qu'elle n'avait jamais causé avec plus de charme et plus de liberté d'esprit ; que jamais elle n'avait paru jouir davantage de la gaieté piquante de ses amis : hélas ! ils auraient pu deviner l'affreux secret qui dévorait son cœur en la voyant ce jour-là porter sur ses enfants un regard de pitié et embrasser le plus jeune plus souvent que de coutume.

Trois mois après, ce même salon était encore rempli des personnes les plus distinguées ; mais le deuil avait remplacé la gaieté, et ces gens du monde si bons causeurs, ces grands artistes, ces officiers déjà couverts de gloire, ces auteurs illustres ne formaient plus qu'un cortége funèbre. C'était le dernier devoir, le dernier hommage qu'ils venaient rendre au cœur, à l'esprit, au talent de l'actrice célèbre.

LE CÉLIBAT MODERNE

Dans un journal que son culte pour les améliorations ramène souvent aux vieilles idées, on lisait dernièrement, à la suite d'un relevé exact de notre état civil, cette réflexion :

« On ne peut se dissimuler que le nombre des mariages diminue dans une proportion affligeante pour les mœurs. »

En effet, les Saint-Simoniens ont tant prêché l'absurdité d'un lien surhumain, puisqu'il est éternel; ils l'ont flétri de noms si odieux, tels que ceux d'école d'hypocrisie, de père de l'adultère, de parjure, de blasphème; ils ont crié si haut dans l'oreille des femmes, que la nature et la société elle-même s'indignaient de les voir depuis si longtemps (malgré les progrès de la civilisation) victimes d'un joug tyrannique, qui réduisait leurs facultés physiques, spirituelles, politiques et militaires aux vils travaux du ménage ; ils ont tonné avec tant d'éloquence contre cette soumission d'ilote conjugale, dont on voit tant d'exemples, que le pauvre mariage, accoutumé aux traits naïvement malins de nos vieux fabliaux, aux monotones lazzis du vaudeville, aux couplets érotiques de la régence, aux sourires moqueurs des maris en herbe, l'innocent mariage se sentit tout à coup anéanti sous une trombe d'accusations, dont la moins criminelle méritait tout les supplices empruntés par nos jeunes romanciers aux fureurs du moyen âge. Les femmes seules eurent pitié du mariage : soit que leur âme, naturellement généreuse, ne pût voir sans horreur le déchaînement de toute une jeunesse effrénée contre cet honnête vieillard, si facile à vivre ; soit qu'elles fussent mieux averties sur le parti qu'on pouvait en tirer, les esclaves se rallièrent au tyran, et nous en voyons tous les jours languir après ses rigueurs et implorer son despotisme.

Il n'en est pas de même de la jeune France mâle. La tête déjà fort *démontée* par la lecture des romans, mémoires, nouvelles, etc., etc., où les maris en sont réduits à se tuer pour se venger de l'amant de leurs femmes en la lui laissant sur les bras, nos jeunes célibataires vont à la représentation des vaudevilles où l'on se moque des maris, des drames où on les assassine; ils reviennent ensuite dans nos salons, traversent le groupe des maris qui font de la politique, et vont s'asseoir près des femmes que le despotisme conjugal n'empêche pas de coqueter. Là beaucoup de choses se disent, se projettent, et, le cœur rempli d'espoir, le moins fat se dit en rentrant chez lui :

— Pourquoi m'affublerais-je d'une femme légitime, lorsque celles de mes amis ont tant de bontés pour moi?

Avant de s'endormir, il relit quelques pages de la *Physiologie du Mariage*, et parmi tant de folies spirituelles, d'observations gaies et désolantes, il s'arrête à cette phrase sérieuse, et la médite comme un verset sacré de la Bible conjugale :

« Le système des lois et de mœurs qui régit aujourd'hui les femmes et le mariage en France, est le fruit d'anciennes croyances et de traditions qui ne sont plus en rapport avec les principes éternels de raison et de justice développés par l'immortelle révolution de 1789 (1). »

Les défiances que les chapitres si amusants de la *Douane* et des *Souricières* avaient fait naître se changèrent en résolutions positives, tant le ton grave d'une phrase qui veut être morale l'emporte de beaucoup sur une vérité plaisante dans l'esprit de nos jeunes pédants. Celui-ci n'hésita plus; et, sans égard pour les applications blessantes qu'il en pouvait résulter, il déclara dès le lendemain à sa mère qu'il refusait le mariage qu'elle s'était donné tant de peine à arranger pour lui, et qu'il en serait de même pour tous ceux qu'elle lui proposerait. La mère insiste. Alors le fils lui trace avec les couleurs du siècle le triste tableau du sort des maris passés, présents et futurs. La mère cite des exceptions, parmi lesquelles elle range, comme de raison, le père de son fils; mais l'entêté, loin de se laisser convaincre par un

(1) *Physiologie du Mariage*, par M. de Balzac.

exemple si frappant, en parle comme d'un de ces miracles qui ne se recommencent plus. Sa mère, désespérant de le ramener à la raison, repart pour sa province, pour son château ou pour son quartier, bien décidée à ne plus s'inquiéter du sort d'un fils si opiniâtre dans sa folie.

Heureusement pour le jeune homme, il vient d'être majeur, et la fortune que lui a laissée son père lui donne les moyens de braver la mauvaise humeur maternelle.

Cependant sa haine contre le mariage ne s'étend pas jusqu'aux femmes; il les aime avec toute l'ardeur et la poésie de son âge. D'abord son goût pour les manières distinguées le porte à s'adresser à l'une de ces jolies femmes qui parent nos salons; mais ces dames exigent une cour assidue, de grands ménagements pour les convenances, quelques déférences pour leur mari, un manque absolu d'égards envers leurs rivales; et tout cela, joint à des obstacles multipliés, est par trop fastidieux. Une grande passion peut seule donner la force de braver tant d'ennuis; mais qui est assez dupe aujourd'hui pour se laisser entraîner à une grande passion?

Après quelques tentatives heureuses et ennuyeuses dans le grand monde, le jeune célibataire pense à se choisir un bonheur plus commode et plus divertissant. Les coulisses d'un théâtre royal lui ont déjà fourni plusieurs distractions agréables; mais, comme il n'a ni drame, ni comédie, ni ballet, ni opéra à faire représenter, il ne se croit pas obligé de se consacrer à la jeune ou à la vieille première d'un théâtre quelconque. Il est une autre classe de beautés faciles, moins célèbres par leurs talents, mais plus convenables aux gens du monde, qui ont d'ordinaire plus d'amitié que d'amour pour les arts. D'ailleurs tout jeune homme se croit un Othello, et l'idée que son bien, que sa maîtresse fait chaque soir parade de ses charmes devant tout un public, lui ferait porter machinalement sa main sur le yatagan qu'un ami vient de lui envoyer d'Alger.

C'est donc en faveur d'une jeune et jolie courtisane que le célibataire se décide. Comme les parents de la demoiselle ont eu des *malheurs*, elle n'a pas le sou : c'est dans l'ordre. Il faut d'abord la loger, la vêtir, la nourrir et la divertir. Rien de si facile : l'argent est donné, l'appartement est loué, on la voit bientôt se pavaner devant les hautes glaces de son salon. Seulement les élégantes draperies, les meubles soyeux, les cadres dorés de ce salon semi-gothique font un singulier contraste avec les mots burlesquement modernes de la nouvelle locataire.

Les joies de la vanité ont tout le délire de l'amour; on s'y trompe sans cesse, et la grisette montée au grade de femme entretenue est capable de tous les transports de la passion la plus vraie, et cela malgré le souvenir du petit commis qu'elle abandonne et qu'elle aime encore.

En se voyant l'objet d'une reconnaissance aussi délirante, comment ne pas se croire adoré?

— Voilà le véritable lien qui convient à la dignité de l'homme et au bonheur de la femme, s'écrie le jeune célibataire : une chaîne d'affections, de plaisirs sans contrainte, sans devoirs, sans aucune de ces exigences qui font le supplice des ménages. Vive l'esclavage dont un mot peut vous affranchir! mais ce mot, on ne le dit pas, car le sentiment de sa liberté suffit à l'homme pour être heureux au sein du plus dur servage dès qu'il le croit volontaire. Il peut supporter un siècle de tortures en se disant : Quand je voudrai, tout cela finira.

Mais quand on le veut, tout cela ne finit pas. La grisette, une fois sortie de son obscurité, fait tant de mines sous son chapeau emplumé, qu'elle s'attire les regards d'une foule d'aimables oisifs, toujours empressés de plaire gratis aux beautés richement entretenues.

L'amant propriétaire devient jaloux, et la nécessité de surveiller de plus près sa coquette le détermine à s'en rapprocher encore plus : il vient habiter le même logement qu'elle.

A peine a-t-il pris ce parti qu'il en sent l'inconvénient : il n'a plus un moment à lui. Veut-il sortir? elle le suit ; prend-il un livre ? elle lui dit dans son langage que rien n'est plus *embêtant* que de voir lire quelqu'un à côté de soi ; veut-il écrire ? elle déchire impitoyablement ses cahiers, en s'écriant que ce sont certainement des brouillons de lettres d'amour qu'il adresse à ses grandes dames, et qu'elle ne souffrira pas cette trahison.

Impatienté par mille autres tracasseries, sans compter les visites des parents prolétaires de son Eugénie, le malheureux jeune homme médite souvent des projets de voyage pour se délivrer de son bonheur; mais le moyen de quitter la femme qui va vous rendre père ? Son état réclame des soins, de l'indulgence, et puis il faut bien savoir ce que c'est que ces émotions paternelles, que cet orgueil de créateur dont les hommes et les livres parlent avec tant d'éloquence ou d'emphase ; il entre toujours un peu de curiosité dans les plus beaux sentiments.

Le voilà donc père !!! et père volontaire ; car rien ne l'oblige à reconnaître cet enfant, c'est dans toute la puissance de son libre arbitre qu'il lui donne son nom. Combien le respect, la tendresse de ce fils s'augmenteront de tant de générosité, lorsqu'il apprendra que nul contrat n'obligeait son père à s'imposer pour lui les devoirs et les ennuis de la paternité!...

Le ménage illégal s'amuse encore quelque temps de ces douces illusions. On met l'enfant en nourrice, et la mère, qu'un mois de réclusion rend plus avide de plaisirs, exige qu'on la mène tous les soirs au spectacle pour réparer le temps perdu. Là commence un petit supplice d'amour-propre que le célibataire n'avait pas prévu. Sa loge est voisine de celle d'une femme comme il faut, chez laquelle il rencontrait, l'année d'avant, la meilleure compagnie. Il s'incline pour la saluer; mais la manière brusque dont cette femme se retourne pour éviter ce salut lui prouve l'inconvenance qu'il a commise.

— En effet, pense-t-il, je me rappelle que ces prudes du grand monde ne permettent pas à un homme d'avoir l'air de les connaître, lorsqu'il donne le bras à une... ; mais Eugénie n'est point une fille publique... Elle est à moi, à moi seul, et les maris de ces dames n'en sauraient dire autant d'elles, peut-être...

Après avoir soulagé sa mauvaise humeur par cette épigramme mentale, l'amant d'Eugénie s'efforce de ne penser qu'à elle et à la pièce qu'on représente; mais, tout en s'exaltant contre les préjugés, il se promet bien de ne plus mener Eugénie aux premières loges, pour éviter le voisinage des femmes qui la méprisent.

Ne plus la conduire aux premières places d'une salle de comédie...; insensé! comme si cela était en son pouvoir! et les injures, les bouderies, les pleurs même, ne viennent-ils pas lui démontrer bien vite l'impossibilité de ce projet! La faire renoncer à s'étaler avec une robe neuve à l'avant-scène d'un théâtre, c'est un acte barbare qu'un mari n'oserait pas se permettre.

Après avoir traîné ainsi sa maîtresse toute une seconde année, de promenade en promenade, de spectacle en spectacle, le célibataire s'aperçoit que cette sorte de plaisir ne manque pas de monotonie. Il trouve que presque toutes les pièces se ressemblent, que pour un bon acteur il en faut subir une douzaine de détestables, que les loges sont si étriquées, les siéges si durs, les représentations si longues, qu'on se sent courbaturé chaque soir en revenant chez soi; et puis, il a bien fait apprendre un peu d'orthographe et de géographie à son Eugénie, et la quantité de drames, mélodrames et tableaux historiques dont elle fait ses délices spirituels lui ont bien donné quelque idée fausse de notre histoire et de celle d'Angleterre; mais toute cette érudition, en lui fournissant des observations burlesques ou sottement sérieuses, ne la met point à portée de suivre une bonne conversation, et souvent l'enthousiasme de son amant pour quelque belle scène est interrompu par une de ces exclamations vulgaires :

— Tiens, vois donc comme la bonne amie de Saint-Elme est pimpante aujourd'hui! Elle a, Dieu me pardonne, une mantille en vraie dentelle de Bruxelles et une jeannette en pierres de couleur! Il faut que Saint-Elme ait quelque pièce en répétition qui lui promette de l'argent... Mais tu ne la regardes pas seulement! elle est pourtant en face de nous, aux premières, à côté d'un vieux décoré.

Et, bien qu'il soit captivé par l'intérêt du spectacle, il faut, sous peine d'être harcelé de questions, de réflexions saugrenues, que le célibataire regarde la mantille de dentelle, et écoute toutes les insinuations adroites qui doivent l'engager à en donner une pareille.

Il donne la mantille et la jeannette en rubis. Cela lui assure deux journées de bonne humeur; mais Saint-Elme s'imagine de donner une voiture à sa maîtresse, et, dès ce moment, au calme ennuyeux dont jouissait le célibataire, succède un enfer aussi riche en tourments que celui des *Petites Danaïdes*.

La victime appelle à son secours ses jeunes amis,

et compte sur leur gaieté pour rompre l'assommant tête-à-tête. Mais la grisette, qui voit décliner l'amour de son esclave, essaie de le ramener en changeant tous ses amis en rivaux. Après l'avoir porté à se battre avec l'un deux, elle le brouille avec tous les autres. Il reste maître du champ de bataille; mais ce champ désert et rocailleux ne lui paraît plus qu'un lieu d'exil.

Il voudrait revenir à ses anciennes relations; la manière dont il les a abandonnées rend son retour difficile. Cependant une femme d'esprit, à qui son air ennuyé fait pitié, l'accueille avec bienveillance; elle a une sœur charmante et riche, qu'elle voudrait lui faire épouser. Le cœur du célibataire en bat de joie; il sent fléchir sa haute philosophie, sa farouche indépendance; mais qu'on se rassure, il est à l'abri du péril, car au premier soupçon qu'il inspire à son Eugénie, elle lui ordonne de cesser ses visites chez celle qu'elle appelle sa rivale... Première scène.

Il promet tout ce qu'on exige et manque à sa parole... Seconde scène.

Il se révolte, alors elle s'arrache les cheveux; elle parle de s'asphyxier, d'immoler à sa vengeance le deuxième gage d'un amour perfide... Troisième scène.

Enfin le célibataire capitule, et répand une pluie d'or pour calmer l'orage.

A la faveur de cette trève il croit pouvoir suivre en secret son projet de mariage; mais les lettres anonymes, les avertissements charitables produisent leur effet, et bientôt le prétendant est éconduit le plus poliment du monde.

— Tout bien considéré, le mariage ne me convient pas, se dit-il pour se consoler de sa mésaventure; alors il adresse ses vœux à la femme d'un homme grave, distingué par son rang, son mérite, et très-jaloux de sa considération dans le monde.

La femme, jeune et passionnée, répond en secret à l'amour du célibataire; mais la crainte de se compromettre, celle d'exciter le courroux du mari qu'elle respecte, la retiennent encore. Le plus profond mystère peut seul amener le succès tant désiré par le pauvre jeune homme. Pendant ce temps, ses démarches sont épiées, son secret surpris, et la douce Eugénie s'apprête à instruire le mari de toute l'intrigue. Elle a des droits qu'elle saura maintenir, s'il le faut, aux dépens du repos et de l'honneur de toute une noble famille. Que faire ?... exposer la femme qu'on aime à être dénoncée et même insultée par la grisette qu'on paie? car le scandale qui perd l'une est la gloire de l'autre. Non, il ne peut hésiter. Le sacrifice est cruel; mais l'honneur et la terreur l'ordonnent... Ainsi mariage, amour, amitié, ambition, considération, tout est immolé au caprice jaloux de la maîtresse qui le trompe! Pauvre célibataire!!!

Cette histoire particulière n'est-elle pas celle de la plupart des ennemis du mariage, et n'est-on pas ému de pitié en voyant de quel air triste ces célibataires de tout âge traînent le boulet amoureux? Est-il un abattement conjugal pareil à celui dont on les voit accablés partout où le plaisir attire ou admet leur maîtresse?... Que d'ennuis peints sur leurs fronts outragés!... Et qu'il faut de sang-froid pour ne pas rire en les entendant, pieds et mains liés, vanter leur indépendance! Ah! si les plus entêtés osaient, comme ils échangeraient de bon cœur leur esclavage scandaleux contre la liberté du moins libre des maris du monde!

SALON DU BARON GÉRARD

Hélas! le voilà fermé, ce salon qui a été ouvert depuis quarante ans à toutes les supériorités, à toutes les célébrités contemporaines! ce modèle d'hospitalité artistique, cet asile où les jeunes talents trouvaient protection, encouragement, exemples; où la conversation s'était réfugiée, au profit des gens du monde qui l'aiment encore; où l'on avait chaque mercredi la chance de rencontrer ce qui reste de nos illustrations de l'Empire et de la Restauration, à côté des jeunes sectateurs de nos écoles modernes.

C'était quelque chose de remarquable que de voir,

pour ainsi dire, présider la réunion de nos talents naissants par les portraits vivants de nos grands talents morts. Dans ce salon, *David*, peint par lui-même, occupait la place du maître chez l'élève. Ce portrait, donné par l'auteur à Gérard, fut le premier hommage rendu à sa jeune gloire. Ainsi le chef de notre école française, après avoir créé, dirigé le talent de Gérard, savait déjà à quel rang il monterait, et le saluait d'avance.

Ducis, cette transition indispensable entre le sublime grec de notre théâtre français et les beautés mâles de Shakspeare, Ducis, à qui l'on a reproché les concessions, les altérations même sans lesquelles il n'aurait pu transplanter sur notre scène *Hamlet* et *Othello*, ces deux rôles qui ont créé notre plus grand tragédien, Ducis semblait encourager par son regard bienveillant et son noble sourire les pas de ses heureux imitateurs dans la carrière que, le premier, il leur avait ouverte.

Talma y rappelait à tous ceux qui cherchent le dramatique dans les œuvres cette profonde observation, cette sublime mélancolie, sans lesquelles on n'atteint jamais aux sommités de l'art.

Canova y démontrait à nos jeunes statuaires la possibilité d'atteindre à la pureté et à la grâce de l'antique.

Madame Pasta semblait y être encore pour applaudir aux accents de cette belle Julia Grisi qui nous dédommage de son absence, et nous consolerait de notre plus grande perte musicale, si la voix, le talent, la beauté suffisaient pour remplacer ce feu, ce génie de l'âme, qui électrisaient les admirateurs de Desdemona Malibran en même temps qu'ils consumaient sa vie.

Mademoiselle Mars, peinte aussi par Gérard dans tout l'éclat de sa beauté, y jouissait d'un double triomphe : celui d'être toujours admirée par les anciens amis de la maison et celui d'être trouvée très-ressemblante par les jeunes gens nouvellement admis.

Le *baron de Humboldt* s'y montrait comme une preuve de notre estime pour la science et de notre urbanité envers l'étranger spirituel.

L'*empereur*, représenté à l'âge de sa gloire, avant celui de sa puissance, régnait dans ce salon, entouré de toutes les intelligences qu'il avait protégées, de tous les talents qu'il avait inspirés. Ainsi, poëtes, savants, statuaires, peintres, artistes, chacun, jusqu'au vieux soldat, y trouvait son idole.

A défaut de leurs portraits, on voyait dans ce salon un ouvrage de presque tous nos grands maîtres du jour. Horace Vernet, Gudin, Shnetz, Géricault, Robert, Picot, Vandaël, Bidault, etc., y avaient déposé le tribut que les vrais talents du siècle présent sont toujours empressés d'offrir à ceux du siècle passé; car la conscience de leur mérite les sauve de cette misérable ingratitude, qui insulte au génie mourant ou mort, pour dissimuler ce qu'on doit à ses leçons, ou son impuissance à le reproduire.

Jamais la supériorité dans un art n'avait conduit à une position plus honorable dans ce qu'on appelle le monde; car si de tout temps les artistes célèbres y ont été recherchés, on se contentait de les attirer chez soi sans penser à faire l'ornement de leur salon. Gérard est l'un des premiers chez lequel des grands seigneurs de tous pays, des illustrations de tous genres aient voulu être admis. D'abord la curiosité, le besoin d'admirer ses chefs-d'œuvre engageaient à solliciter l'entrée de son atelier; mais quand ses occupations lui permettaient d'en faire les honneurs, on était bientôt distrait par sa conversation du plaisir de contempler ses ouvrages; il semblait que son esprit fût envieux de son talent et lui disputât les suffrages. Après être venu visiter le grand peintre, on voulait connaître le causeur spirituel, et se lier avec l'homme aimable.

Tout chez lui annonçait une délicatesse de goût, un à-propos d'orgueil qui rappelaient également le mérite du simple particulier et la noblesse du *prince des arts*, nom que ses ennemis lui ont donné sans se douter que la postérité lui garderait ce beau titre.

Son luxe était tout pour son atelier; il y avait consacré la moitié de sa maison; on y était annoncé, reçu, assis comme dans un salon élégant. Là, il semblait que l'artiste voulût que tout fût en harmonie, la noblesse des sujets, celle des personnages peints par lui, avec la richesse austère du lieu qui les réunissait. L'idée de joindre aux prestiges de l'art celui de la grandeur ne pouvait entrer que dans l'imagination d'un homme pénétré de la dignité du talent.

Je me souviens encore de l'effet que produisit

l'aspect de ce bel atelier sur le prince Pückler lorsque je l'y menai il y a deux ans. Le tableau de *la Bataille d'Austerlitz* occupait alors la place d'honneur. On voyait d'un côté *Daphnis et Chloé*, et de l'autre *la Peste de Marseille*, que venait d'achever Gérard ; trois compositions si différentes entre elles et d'un effet si merveilleux.

Près de ces grands tableaux le portrait du maréchal Soult semblait commander une armée ; il n'est pas de soldat qui n'eût passé devant son portrait sans porter la main à son schako.

Pendant que le spirituel étranger s'extasiait sur cette ressemblance, et complimentait Gérard sur sa réputation européenne, moi, je regardais mon poëte chéri, M. de Lamartine : je le voyais me sourire ; ses yeux s'animaient comme s'il allait me confier une de ses pensées qui lui arrivent toutes rimées du ciel. Il était là, assis comme au coin de mon feu lorsqu'il vient y parler de ses regrets à une mère qui les comprend tous. C'était bien son attitude simple, ses traits nobles, sa grâce affectueuse ; j'étais sous le charme de sa présence ; les yeux fixés sur ce beau portrait, j'admirais cette traduction vivante du génie de la poésie par le génie de la peinture, et je m'enorgueillissais tout bas d'être l'amie du peintre et du modèle.

L'atelier où je vis Gérard pour la première fois peu de temps après celui de la Terreur était loin de la magnificence de celui-ci. Le gouvernement d'alors, en récompense du succès prodigieux qu'avait obtenu le *Bélisaire* de Gérard, lui avait donné un abri plutôt qu'un appartement dans les greniers du Louvre. Il fallait monter si haut, traverser tant de hangars obscurs avant d'y parvenir, que nous nous perdîmes dans un corridor où se trouvaient plusieurs petites portes absolument pareilles. Le domestique de madame de Cabarus (1), avec laquelle j'étais, frappa à la première : il en sortit un petit vieillard à robe de chambre courte et une palette à la main, vraie copie de *Dugazon* dans le rôle de *M. Fougère*. Il nous indiqua la porte de Gérard, et nous entrâmes sans aucune transition de ces greniers conservateurs des vieux lambris du palais des rois dans une petite salle meublée et drapée à l'antique, où les yeux

(1) Depuis madame la princesse de Chimay.

s'arrêtaient d'abord sur le ravissant tableau de *l'Amour et Pshyché*, et sur plusieurs portraits de femmes dont les traits réguliers et le costume grec ajoutaient si bien à l'illusion qu'on pouvait (fadeur classique à part) s'y croire dans l'atelier d'Apelles.

Une jeune et petite femme, avec de grands yeux noirs et des dents éblouissantes, vint nous dire que Gérard n'était pas encore de retour de la Malmaison, où le premier consul lui donnait une dernière séance pour le portrait qui devait paraître au prochain salon. Madame Gérard nous engagea à attendre son mari, car c'était elle dont la politesse cordiale commençait déjà à se faire remarquer avant d'avoir été apprécié par tous les habitués de son salon.

Elle nous quitta pour rejoindre les personnes qu'elle avait laissées chez elle. Et, en me retournant pour la saluer, j'aperçus près de la fenêtre une jeune femme qui copiait une tête d'étude.

A la simplicité de sa robe de mousseline, à son petit chapeau de paille, à sa tournure anglaise, je la pris pour une modeste élève de Gérard, et je m'approchai d'elle dans l'intention de lui faire compliment sur la perfection de sa copie; mais, après l'avoir regardée plus attentivement, je ne sais quoi m'avertit que c'était une femme du monde le plus élégant, et que mes éloges pourraient lui paraître indiscrets.

Cependant, malgré tout ce que j'avais à voir d'intéressant dans ce petit atelier, je ne pouvais détacher mes yeux de cette figure enchanteresse; je la fis remarquer à madame de Cabarus; elle reconnut aussitôt la fille de M. de L. B..., mariée au comte de N..., depuis duc de M... Cette charmante personne cherchait à se consoler par l'étude des arts de l'affreuse mort de son père, que sa réputation bien acquise du plus riche, du plus brave, du plus généreux financier de France, devait nécessairement conduire à l'échafaud sous le règne de Robespierre.

Si j'étais née envieuse, madame de N... m'aurait fait mourir à la peine d'entendre sans cesse vanter sa supériorité dans tout ce que j'essayais. Plusieurs de ses amis étaient aussi les miens; mais, malgré leur indulgence pour moi, ils ne manquaient jamais de me dire : Ah! c'est madame de N... qu'il faut entendre causer ou faire de la musique; c'est madame de N... qu'il faut voir danser ou monter à cheval. Ses tableaux, ses ouvrages sont si supérieurs à tous ceux des amateurs! Enfin le peu de talents disséminés qu'on rencontrait dans le monde ne leur servaient qu'à exalter davantage ceux qu'elle réunissait.

Le portrait en pied de madame Bonaparte était le motif de notre visite, elle voulait avoir notre avis sur sa ressemblance, et nous admirâmes tout bas l'art avec lequel Gérard l'avait rajeunie sans nuire à cette ressemblance; genre de flatterie qui, cher à toutes les femmes, avait bien plus de prix encore aux yeux de la future impératrice, car il y allait pour elle d'un trône à paraître son âge.

A côté de ce grand cadre, on voyait le portrait de madame Regnault de Saint-Jean-d'Angely, un des premiers ouvrages où Gérard ait révélé son talent à saisir la noblesse des traits et la naïveté d'un jeune et beau visage. Le portrait de la belle duchesse d'Aiguillon ne prouvait pas moins d'habileté du peintre à rendre l'expression fière d'une grave beauté rappelant celle de la Junon antique.

En voyant le tableau de *la Famille d'Auguste*, je me souvins d'avoir entendu dire lorsqu'il fut exposé au salon : Comment se peut-il qu'un peintre un peu instruit n'ait pas vêtu ce petit garçon à la romaine?

— C'est peut-être, madame, parce que ce petit garçon est le fils du joaillier de Louis XVI, répondit un monsieur qui se trouvait là. En effet, trompée par les bandelettes rouges de la coiffure de madame Auguste, par sa tunique drapée à la romaine, par la lumière du tableau, et plus encore par le livret, où elle avait lu *la Famille d'Auguste* la bonne dame croyait voir l'illustre ami de Cinna dans son intérieur.

Gérard nous surprit au milieu de notre enthousiasme pour ses tableaux ; il eut la bonne grâce d'en paraître flatté, et fit à ce sujet preuve d'une modestie qui me parut exagérée et partant peu sincère : défaut qui, vu sa rareté, pourrait passer pour une vertu. Je lui en ai fait depuis le reproche. — On voit bien, m'a-t-il répondu, que vous ne lisez pas les critiques dont on m'accable. Après de tels arrêts, si moqueurs, si injurieux, comment se croire du talent ?

Ces mots, dits avec tout le découragement qu'inspire l'injustice, m'ont souvent livrée à de tristes réflexions. Quoi! pensai-je, quarante ans de travaux, des succès, ne peuvent donc rien contre cette rage d'insulter le génie, et, ce qui est pis encore, ne peuvent donc rien contre la douleur de se voir ainsi calomnié ! car on a beau mépriser la main qui frappe, la blessure n'en saigne pas moins; et puis, le vrai talent a une propension si naturelle à se déprécier, que pour lui la flatterie est bien moins dangereuse que la malveillance. C'est à la crainte de faire partager les effets de cette malveillance à notre grand poëte, et au désir d'éviter les outrages toujours prêts à fondre sur les artistes qui ont eu le malheur d'avoir des succès sous l'Empire, que Gérard a sacrifié l'honneur de voir admirer le portrait de Lamartine par le public impartial. Il en a été de même pour celui de M. de Humboldt, et pour le tableau de *la Peste de Marseille*, l'une des plus belles compositions de l'auteur.

La ville de Marseille avait commandé ce tableau, en y mettant un prix digne du pinceau de Gérard; mais il l'a priée d'en accepter l'offrande, en reconnaissance du plaisir qu'il a eu de débarquer dans cette grande ville lorsqu'il vint pour la première fois de Rome, seulement riche de jeunesse, de génie et d'espérance.

En retour de ce noble souvenir, de ce présent que peut seul faire un roi ou un grand artiste, on voyait sur la cheminée du salon de Gérard un superbe vase d'argent, ciselé à la manière de *Benvenuto*, et où se trouve gravée la date de l'hommage offert par Gérard et l'expression de la reconnaissance des Marseillais.

Il est plus d'un trait de ce genre à l'honneur de Gérard, et cette modestie dont j'osai soupçonner la franchise est assez prouvée par le refus qu'il fit des grâces dont Charles X voulait le combler après avoir revu *l'Entrée d'Henri IV à Paris*. Ayant appris par le comte de F... que le roi se proposait de lui conférer un nouveau titre et le grand cordon de la Légion d'honneur, Gérard fit supplier Sa Majesté de suspendre ces hautes récompenses en disant qu'il ne les avait point assez méritées, et qu'il s'en tenait à l'honneur d'avoir inspiré ce que Louis XVIII avait dit à la séance royale du Musée, le 2 août 1817 :

— Je suis fâché de ne pas voir ici Gérard, je lui aurais appris en présence d'Henri IV que je l'ai nommé mon premier peintre [1].

Cette place éminente était due à l'auteur d'un si grand nombre d'ouvrages devenus autant de richesses

(1) *Moniteur* du 3 août 1817.

nationales. Quand on pense aux immenses travaux de Gérard, on ne s'étonne pas de l'avoir vu sitôt et en si peu d'instants succomber à une maladie de nerfs. La peinture est, de tous les arts, celui qui use le plus la vie. Et Gérard a fait :

Le Bélisaire.
L'Homère (1).
La Psyché.
Les trois Ages.
La Bataille d'Austerlitz.
L'Entrée de Henri IV à Paris.
La Corinne.
Le Philippe V.
Daphnis et Chloé.
La Sainte Thérèse.
Le Sacre de Charles X.

(1) Ce tableau n'existe plus. Gérard l'avait composé pendant le siége de Paris, et, persuadé que, dans le désespoir où cet événement le jetait, il n'avait pu faire rien de bon, il projeta de le détruire. « Non, dit-il un jour, cela n'est pas digne du beau nom d'Homère. » Et il déchira le tableau. La gravure qu'en a faite M. Massard reste encore pour prouver l'injuste sévérité du peintre envers lui-même, et son respect fanatique pour le sublime Homère.

Les quatre Renommées montrant le tombeau de Napoléon.

La Peste de Marseille.

Les pendentifs de Sainte-Geneviève.

La Patrie en danger (grand tableau commandé par le gouvernement).

Achille reprenant ses armes.

Ce tableau, l'enfant chéri du peintre, est peut-être son plus bel ouvrage. Rien n'est comparable à l'expression de la tête d'Achille, à ce réveil du héros pour la vengeance, à ce mouvement dicté par la rage d'Achille qui promet le sang d'Hector aux mânes de Patrocle. Il pénètre déjà les Troyens de terreur et de désespoir. Ce tableau, dont l'action principale et les figures importantes sont faites, peut être achevé sans inconvénient par une main moins habile.

Il faut joindre à cette liste près de cent portraits en pied et deux cent cinquante bustes. Il serait trop long de relater tous ceux de ces portraits qui se recommandent par la parfaite exécution de l'artiste et la célébrité du modèle. On dirait à les voir que les hommes de cette époque ne se croyaient illustres et les femmes belles qu'autant que le pinceau de Gérard leur avait assuré l'immortalité.

Le portrait de l'empereur dans son cabinet des Tuileries, ceux de toute la famille impériale, resteront comme des pages vivantes de notre histoire, et les portraits de madame Visconti, de la princesse de Chimay, de madame Récamier, de la duchesse de Vicence et de tant d'autres personnes admirables, resteront de même pour constater que ce temps de notre gloire fut aussi l'époque où l'on vit le plus de belles femmes en France.

Moins on a de gloire personnelle, plus on tâche de s'accrocher à celle de ses amis. C'est pourquoi je ne puis m'empêcher de relater la petite part que j'ai eue au tableau de Corinne. Un mois avant le congrès, je me trouvai à Aix-la-Chapelle avec madame R..., qui y était venue prendre les eaux. Là, comme en exil, comme à Rome, à Paris, comme partout, son salon était le rendez-vous de tout ce qu'il y avait de personnages marquants ou de gens aimables. Le prince Auguste de Prusse, que j'y rencontrais souvent, me parla un jour du désir qu'il avait de satisfaire au vœu de son amie la baronne de Staël en faisant peindre par un grand maître sa Corinne dans un des moments où elle se livre à son inspiration poétique. Ce vœu, que la mort de madame de Staël ne lui avait pas permis d'accomplir, cette œuvre doublement importante par le sujet et par le prix qu'il y voulait mettre, le prince désira en charger David. Tout le monde approuva cette idée, que le talent de David justifiait assez, et que sa position d'exilé rendait généreuse ; mais, je l'avoue, mon amitié jalouse s'affligeant de voir cette palme ravie aux mains de Gérard, je fis valoir vainement la volonté posthume de madame de Staël, son admiration, ses sentiments affectueux pour Gérard, qui l'auraient sans doute portée à le choisir pour rendre sa plus noble pensée, pour offrir la douloureuse image d'une femme de génie, belle, aimante, et sacrifiée sans pitié aux préjugés du monde.

M. G... fut chargé d'écrire à David, et, le croira-t-on ? ce grand peintre, qu'un chef-d'œuvre de plus pouvait ramener dans sa patrie, loin de saisir cette occasion, marchanda sur la somme considérable offerte par le le prince, et cela d'une manière si peu digne de l'artiste, du sujet de ce tableau et du sentiment qui le faisait commander, que madame R..., dont la bonté avait d'abord craint de s'opposer aux intérêts d'un exilé, se joignit à moi pour dire que Gérard n'aurait jamais rien écrit de semblable. Il fut aussitôt décidé qu'il ferait la Corinne. On sait avec quel talent il a réalisé le vœu du poëte et l'intention du prince. L'offrande de ce beau tableau faite à madame *** le rend doublement précieux comme un chef-d'œuvre de l'art et comme un hommage dû à l'amitié de la plus jolie, de la plus aimable femme pour la plus spirituelle de son siècle.

Mais j'ai beau vouloir me distraire de mes regrets en rappelant les trésors de peinture que Gérard nous laisse, il me faut revenir à la dernière visite que je lui ai faite dans ce salon où j'ai passé tant de soirées charmantes, où depuis Viganoni, Garat, Crescentini, mesdames Valbone, Barilli, la belle Grassini, jusqu'à Tamburini, Lablache, Rubini, la Pasta, la Malibran, la Judith, la Julia Grisi, toutes les belles voix ont retenti, et dont les célèbres Paër et Rossini étaient les chefs d'orchestre ; où Meyerbeer venait recueillir les suffrages dus à ses derniers succès, sans exiger qu'on leur immolât ceux du premier des compositeurs modernes; — salon dont j'ai vu souvent le maître quitter les grands seigneurs, les grands talents avec lesquels il causait, pour aller serrer la main du jeune artiste encore couvert de la poussière de l'atelier, et qu'attirait l'espoir d'obtenir du comte de Forbin ou de M. de Cailleux un petit coin du musée pour y exposer le premier-né de sa palette; salon, dont les vieux habitués jouaient petit jeu en riant, et suspendaient bien vite la partie à la moindre ritournelle que le piano faisait entendre, guettant les doux accents qu'elle promettait, et d'avance sûrs d'en être ravis, car il n'avaient pas à craindre la chance d'un talent médiocre; salon où le comte de Forbin causait avec l'esprit et le bon goût d'un homme du monde, l'intérêt du voyageur et la gaieté d'un artiste, avec les élèves de Guérin, d'Ingres, de Schnetz, d'Isabey, d'Hersant, de Granet, de Steuben, de Champmartin, aussi bien qu'avec leurs maîtres; où Ducis causait autrefois avec Lemercier, Guérin avec Desnoyers, comme hier M. de Humboldt y causait avec le spirituel docteur Koreff, M. Mérimée avec l'auteur de *Rouge et Noir*, mademoiselle Godefroy avec madame de Mirbel, madame de Bawr avec madame Ancelot, et M. de Balzac avec tout le monde, car chacun voulait jouir de son esprit si animé, de ses récits fantastiques, et de sa gaieté scintillante.

Il est à remarquer que dans ce salon, ouvert depuis si longtemps à toutes les opinions, à toutes les rivalités, jamais la discussion n'y est dégénérée en dispute, et pourtant il y régnait un grande liberté d'avis et de conversation ; mais c'est qu'un intérêt nouveau y captivait toujours l'attention générale.

Tantôt c'était une gravure qui venait de paraître, ou le dessin copié d'après la dernière mosaïque déterrée à Pompéi ; tantôt c'était l'échantillon d'un procédé inconnu jusqu'alors, qui imitait le relief des médailles ou perfectionnait la lithographie, ou bien c'était l'arrivée de Champollion qui racontait l'Égypte; c'était M. de Pouqueville qui faisait frémir tout le salon en redisant ses entretiens familiers avec le pacha de Janina ; c'était l'ami du malheureux Jacquemont, qui nous attendrissait au récit du convoi moitié anglais, moitié indien, de notre intéressant voyageur. Puis c'était M. de La Ville qui revenait tout simplement de la Comédie française, et nous faisait l'analyse de la pièce nouvelle qu'on venait d'y jouer, et cela avec tout l'esprit d'un homme qui sait lui-même écrire la comédie mieux que personne; enfin, dans ce salon, la pensée n'était jamais vague, l'esprit jamais oisif, et l'habitude de s'occuper des choses y rendait fort tolérant pour les travers des gens. On médit peu lorsqu'on a de quoi dire.

J'étais, il y a quinze jours, dans ce salon, c'était la première fois que j'y revenais depuis la maladie dont j'ai failli mourir il y a quelques mois, et pendant laquelle Gérard m'a donné tant de preuves d'intérêt. Je l'entends encore me *remercier de n'être pas morte*, ce sont ses propres expressions. Il me parla de ses projets pour ce printemps, du plaisir qu'il aurait à me montrer les pendentifs de Sainte-Geneviève qu'il avait eu le *bonheur* d'achever. En effet, lorsqu'il fut malade, l'an dernier, il était si tourmenté de la crainte de ne pas vivre assez pour accomplir à lui seul ce grand ouvrage, qu'il avait conjuré ses amis de détruire ce qu'il en avait déjà fait, préférant voir mourir avec lui sa pensée que de la supposer embellie ou affaiblie par une autre main que la sienne.

Nous parlâmes aussi du retour de M. Mimault, des précieuses antiquités qu'il rapportait d'Égypte; Gérard me témoigna une vive impatience de les voir et de connaître l'homme distingué qui les avait recueillies, et qui avait si bien tourné au profit des sciences et des arts la protection, l'amitié du pacha d'Égypte. Je me chargeai de l'invitation de Gérard pour M. Mimault, qui m'avait aussi parlé du plaisir qu'il aurait à se trouver avec le savant artiste. Le jour fut choisi : c'était pour le mercredi prochain... Et la mort était là, riant de ce projet, et s'apprêtant à frapper l'un et l'autre.

Et pourtant j'étais rassurée sur la santé de Gérard par mademoiselle Godefroy, par cette précieuse amie qui a consacré sa vie à remercier Gérard du beau talent qu'elle lui doit ; elle m'avait dit qu'il travaillait à son grand tableau, et, comme son art était son existence, dès qu'il pouvait s'y livrer, je ne le croyais plus en danger : aussi lui ai-je répondu avec le sourire de l'incrédulité lorsqu'il m'a dit, à propos de son désir de voir M. Schnetz à l'Académie : « Puisque ma voix lui est inutile, je lui répéterai ce que Gros disait à Abel Pujol : Tout ce que je puis faire maintenant pour vous, mon ami, c'est de vous donner ma place. »

Ce sont les dernières paroles que j'ai entendues de lui; et j'étais encore là hier à la même place où il me les a dites, dans ce salon où tout porte son deuil!... Conduite par madame Gérard, dont l'unique consolation est de parler de celui qu'elle pleure, j'ai voulu revoir ce bel atelier où tout semble l'attendre encore, où il peignait quatre jours avant sa mort. L'échafaud qu'il gravissait pour finir le ciel de son tableau est encore là; voici sa boîte à couleurs, ses pinceaux, tout est prêt à le recevoir; voici la craie qui lui a servi à esquisser son beau lévrier au coin de cette toile déjà couverte de personnages dont les expressions dramatiques rappellent les grandes fresques italiennes; on dirait que, fatigué de tracer tant de figures imaginées ou inconnues, le peintre s'est réservé, comme un délassement, le plaisir d'introduire dans cette œuvre immense le portait d'un ami.

Près de ce grand tableau est un Christ au regard divin, nouvellement achevé et destiné à M. de Genoude.

Puis un beau portrait du général Hoche.

Une copie réduite à la dimension d'un tableau de chevalet de la grande scène du sacre de Charles X.

Et un portrait frappant de la duchesse de R...

dont Gérard venait de refaire le costume, préférant, à de lourdes étoffes la transparence des dentelles, l'éclat, la légèreté des rubans, qui cacheraient moins la belle taille de madame de R..., et feraient de ce portrait un type des modes de notre époque.

Quelques jours suffiront à mademoiselle Godefroy pour achever les accessoires de ces différents ouvrages. Mais on attend plus d'elle encore : excepté le buste que vient de terminer M. David, et pour lequel Gérard donnait, il y a deux semaines, sa dernière séance, il n'existe aucun bon portrait de cet homme si juste-célèbre; car on ne peut se contenter de celui qu'en a fait Lawrence, et qui ne le rappelle nullement. Mademoiselle Godefroy peut seule trouver dans son cœur et dans son talent les moyens de rendre fidèlement les traits de l'ami et le génie du peintre. C'est un présent qu'elle doit à la France.

C'était un mercredi, ce jour de la semaine où depuis tant d'années on se réunissait chez Gérard; sa femme, accablée sous le coup qui la frappait, cherchant à douter encore d'un malheur si rapide, n'avait pas pensé à en prévenir personne, et on arrivait de toutes parts pour s'amuser comme de coutume dans cet agréable salon, pour revoir ces charmants tableaux qui l'ornaient et pour entendre causer l'artiste, l'homme d'esprit dont la voix venait de s'éteindre pour jamais!

Quel spectacle désolant... quelle honorable oraison funèbre que ces cris de surprise et de douleur, qui répondaient au vieux serviteur dont les yeux gonflés de larmes et les sanglots apprenaient seuls l'affreuse nouvelle qu'il n'avait pas la force de dire; et ces amis respirant à peine, ne pouvant plus se soutenir, obligés de s'asseoir sur la borne des portes; ces femmes parées qui pleuraient dans leur voiture, oubliant de donner l'ordre de s'éloigner de cette maison de deuil; et la pâleur du jeune artiste à qui la mort enlevait d'un seul coup son maître, son protecteur, son ami, sa fête hebdomadaire; car ce mercredi, où il avait toujours la chance d'un plaisir, était attendu par lui comme un jour de fête; enfin l'aspect de tout ce salon refoulé par la mort, transplanté dans la rue, et la faisant retentir du bruit de ses regrets et de ses plaintes, prouvait mieux que nous ne saurions le dire l'étendue de la perte que venaient de faire la société, les arts et la France.

LA
FATUITÉ MODERNE

Il est des maladies perdues, telle que la *pituite vitrée*, et quelques autres dont la médecine déplore l'extinction avec une naïveté comique; mais les maladies de l'esprit restent au complet, et nous n'avons pas à regretter la perte d'aucun des défauts dont la nature ou la civilisation dotent si richement l'humanité : témoins les caractères de Théophraste, les portraits en grand de Plutarque, les calques de La Bruyère, les tableaux vivants d'Aristophane, de Térence, de Molière et la collection moderne de nos peintres de mœurs.

Il résulte de cette constance inaltérable dans les vices et les travers une monotonie désespérante pour les observateurs et les délateurs de faiblesses humaines. N'ayant pour ressources que des nuances presque imperceptibles, et quelques changements de costumes, ils en sont réduits à débaptiser leurs modèles. L'avare de Térence devient le père d'Eugénie Grandet; Werther s'appelle Chatterton; Valmont, Ramière; Volmar, Jacques; et malgré tout l'esprit employé à ces travestissements, on reconnaît encore trop le modèle. C'est donc un service à rendre à nos Théophrastes modernes, que de leur signaler, à défaut de caractères nouveaux, le déplacement de certains travers qui donne à la société un aspect particulier, et peut fournir à leur génie critique des remarques piquantes.

La fatuité, par exemple, a existé de tout temps; et depuis Actéon, que Diane en a singulièrement puni, jusqu'à Monaldeschi, dont le châtiment atroce n'a corrigé aucun des aimables fats du temps de Louis XIV et de la Régence, ce défaut, dont l'origine se perd dans la nuit des temps, a subi de nos jours de grandes mutations.

On chercherait vainement aujourd'hui dans nos salons un chevalier de Gramont, un duc de Lauzun, un marquis de Wardes, un maréchal de Richelieu, enfin un de ces brillants séducteurs qui ne savaient pas garder le secret d'une bonne fortune. On n'y trouverait pas davantage la copie de ces *cavalieri servanti* qui s'attachaient aux pas d'une jolie femme, supportaient ses dédains, ses caprices, dans l'unique but de laisser croire que tant de complaisance était récompensée; ni de ces roués subalternes à l'affût d'un billet imprudent, d'une simple inconséquence, pour compromettre la femme que leur présomption convoitait bien plus que leur amour. Ces originaux ont disparu : la politique, la littérature, la fortune ont encore leurs fats; l'amour n'en a plus.

Ce n'est pas que la fatuité galante, cette infirmité de l'amour-propre, ait été rejoindre la pituite vitrée des anciens. Non, cette manie d'afficher les succès qu'on devrait cacher et de faire croire à ceux qu'on n'a pas est toujours là, sous nos yeux; mais elle a seulement changé de sexe, et c'est quelque chose de curieux que de voir l'effet de cette transmigration dans toutes les classes de la société.

Les airs indifférents, la dénégation positive, la dissimulation ont passé chez les hommes; les préférences fastueuses, les regards obstinés, les démarches indiscrètes sont le partage des femmes. Ce sont elles qui exigent aujourd'hui ce qu'elles ne pouvaient obtenir autrefois, savoir : des visites du matin; de les accompagner le soir au spectacle, au bal; de les rencontrer partout, de s'établir à côté d'elles dans un salon pour y causer en duo toute la soirée, comme elles pourraient le faire au coin de leur feu, sans s'inquiéter le moins du monde de ce qu'en penseront les deux cents médisants qui composent le rout : de rompre toutes relations d'amitié ou de politesse avec les autres femmes, tant il leur est important qu'on ne puisse se méprendre sur l'objet d'une prédilection si bien constatée. Ce sont elles qui font tout haut les scènes de jalousie et qui prennent des airs de pitié pour les femmes dont elles se flattent d'enlever les jeunes maris. Autrefois elles trahissaient leur amour par un soin scrupuleux à ne jamais prononcer le nom de celui qu'elles aimaient; maintenant ce nom est dans toutes leurs phrases, il préside au récit de ce qu'on a fait la veille, au projet qu'on forme pour le lendemain : il est le pivot sur lequel tourne leur conversation.

Il ne faut pas conclure de cette préférence éclatante qu'elle ait tous les torts qu'elle se donne. Non, soit malheur ou sagesse, la plupart de ces sentiments amoureux sont au fond très-honnêtes. D'abord, parce que la cruauté s'est fait homme, et que ces messieurs ayant pour principe de faire marcher de front un amour positif et une intrigue romanesque, il en résulte beaucoup moins de dangers pour celle-ci. Les forces du cœur, comme toutes les autres, s'appauvrissent en se divisant; ce qu'on aime le soir nuit beaucoup à ce qu'on doit aimer le matin, et des agitations du vice naît un calme dont la vertu s'empare; de là vient cette complaisance à se laisser adorer, cette patience à attendre ou cette adresse à éviter les moments heureux, qui donnent à nos jeunes gens une grâce nonchalante, inconnue à leurs pères. On ne saurait les désespérer; ils ne désirent rien vivement; leur imagination ne se tourmente plus à chercher les occasions de voir, de se rassurer sur le sentiment qu'on inspire; au contraire, c'est après des refus réitérés qu'ils cèdent enfin, et se condamnent à subir l'ennui d'un spectacle, le bavardage sonore d'un rout ou la chaleur accablante d'un bal. Ce dévouement sublime est payé par les remercîments les plus tendres : *Que vous êtes aimable d'être venu ici!* leur dit-on avec l'accent de la reconnaissance. Comme on leur sait gré du peu qu'ils font!

Ce beau dévouement ne va pas jusqu'à danser avec la femme qu'ils captivent. Fi donc! ce serait par trop se compromettre. D'abord le véritable élégant danse peu ou point du tout, et jamais qu'avec des notabilités, telles que la maîtresse de la maison, l'héritière en vue, ou la femme qui va donner un bal. Car il est à remarquer que ces charmants dédaigneux des plaisirs du monde tiennent à être invités partout.

Ce n'est plus, comme jadis, pour y suivre l'objet de leur servage, pour jouir de ses succès, et sentir battre son cœur en entendant chacun dire : Qu'elle est belle! Non vraiment; c'est dans la maison où elle ne va pas qu'il leur importe surtout d'être admis. Alors il faut voir la pauvre femme se démener pour arriver à obtenir le billet d'invitation qui doit lui procurer le bonheur d'être témoin des coquetteries de l'ingrat pour un autre que pour elle. Que de visites, que de démarches, que de flatteries pour parvenir à ce but! Il n'est pas jusqu'aux reproches qu'elle n'emploie. Il ne serait pas convenable, dit-elle, d'inviter ses amis les plus intimes sans elle. Ce serait une injure d'ignorer l'intimité qu'elle affiche, et pourtant cette intimité se réduit à recevoir un bouquet de loin en loin, ce qui donne le droit d'en acheter d'autres pour laisser croire qu'ils viennent de lui.

Rien n'est si amusant que la fatuité des femmes à montrer ce superbe bouquet de camellia et de bruyère dont elles savent le prix, et qu'on a vu commander par un de leurs gens chez madame Prévost; rien de plus divertissant que leur embarras feint lorsqu'on leur parle sans la moindre arrière-pensée du regret de s'être présenté chez elles un jour qu'elles avaient fait défendre leur porte, et que toutes leurs minauderies à propos d'un billet remis ostensiblement et caché aussitôt dans la ceinture, avec le soin d'en laisser voir assez pour attirer l'attention des curieux. Tous ces petits manéges, rajeunis par le déplacement, sont d'un fort bon comique, et réclament le pinceau si vrai de nos auteurs contemporains.

On racontait dernièrement l'histoire d'un mari trompé comme jamais mari ne l'a été.

Une lettre anonyme l'avait charitablement instruit de l'amour de sa femme pour un jeune homme fort à la mode. Les preuves d'intimité, les moyens de correspondance, le lieu des rendez-vous tout était strictement indiqué. Il devait trouver un portrait dans le secret d'un pupitre gothique, des lettres dans un portefeuille caché derrière le cadre d'un tableau, et rencontrer son infidèle dans une petite maison de l'allée des Veuves, à l'heure où les Chambres discutent longuement le budget.

Tous ces indices si clairement détaillés commencent à troubler l'esprit du pauvre homme. Cependant il a honte d'ajouter foi à un écrit anonyme. Il veut observer par ses yeux et juger par lui-même de l'importance qu'il doit attacher à la dénonciation. Les airs préoccupés, les regards langoureux, les bouquets, les démarches mystérieuses le frappent; il ne doute plus de son malheur, et comme tous les maris qui ne doutent plus, il veut se convaincre. Le secret du pupitre gothique est forcé.

Un portrait d'homme éblouit ses yeux, il ne reconnaît point ce visage peint très-médiocrement à l'aquarelle, par l'excellente raison qu'il n'est pas le moins du monde ressemblant ; mais l'habit boutonné jusqu'au cou, la cravate nouée d'une certaine façon, le ruban qui est à la boutonnière, tout cela est parlant : *C'est lui*, dit le mari, et il court au portefeuille qui contient la correspondance. Là son incertitude cesse ; car, tout en disant *c'est lui*, le bon homme ne savait pas précisement de qui il parlait, vu que les habits bruns, les cravates noires et les rubans rouges à la boutonnière, sont fort communs ; aussi ne sut-il vraiment à quoi s'en tenir que lorsqu'il tint entre ses mains plusieurs lettres signées tout au long A... de N...

On pense bien que ces lettres, signées comme des pétitions, ne renfermaient que des choses ordinaires et les plus respectueuses. — C'est un chiffre, pensa le mari ; ces mots froids et cérémonieux sont sans doute les représentants des expressions les plus passionnées ; sans cela les cacherait-on avec tant de soin ! Alors, les intérêts politiques, les jeux de bourse, tout est sacrifié à l'empressement de se rendre dans l'allée des Veuves.

Un fiacre est à la porte de la maison indiquée.

— C'est cela, dit le mari en s'assurant que ses pistolets sont dans ses poches; nous allons voir si le scélérat est brave.

Et il descend de tilbury la rage dans le cœur, décidé à tuer le rival, la coupable et tout ce qui s'opposerait à sa justice.

Il enfile une allée de sorbiers, entend rire et parler derrière une charmille... Cette gaieté augmente sa fureur. Il se précipite pâle, les yeux hagards, vers la première issue qu'il rencontre, et tombe au milieu d'une pension de petites filles en pleine récréation.

Sa femme est là qui cause avec la maîtresse, et lui recommande particulièrement deux pauvres jumelles qu'elle fait élever à ses frais, et qui ont été confiées à sa charité par le curé de Saint-Roch.

Elle ne conçoit rien à l'air effaré de son mari, et lui en demande l'explication tout en lui expliquant elle-même pourquoi elle se trouve là. Il n'y a pas moyen de douter du motif de cette démarche ni de cette bienfaisance secrète; mais il est d'autres faits accusateurs. Le mari renvoie son tilbury, monte dans la citadine avec sa femme, et là il lui fait subir un interrogatoire en règle.

L'aveu d'un crime aurait peut-être moins coûté à cette jeune et innocente personne que celui de la singulière fatuité qui l'avait portée à confier à une perfide amie l'intrigue qu'elle n'avait pas. Car ce monsieur A... de N... pour lequel elle s'était montrée un peu coquette, ne s'en était même pas aperçu. Ce portrait si mal peint et si bien caché avait été fait par elle de mémoire, et la demi-douzaine de lettres conservées avec tant de soin étaient la preuve écrite en lieux communs de la plus parfaite indifférence ; mais il fallait avoir une confidence à faire, une faiblesse à montrer, une conquête à proclamer, et le malheur voulut que la confidente fût traître et rivale. Mais comme la faiblesse était imaginaire, le mari s'est bientôt calmé, heureux de n'avoir à maudire dans cette circonstance que la *fatuité tombée en quenouille.*

LE

SALON DE LA COMTESSE MERLIN

Après avoir déploré la perte des salons que les révolutions ou la mort ont fermés pour jamais, après avoir gémi sur l'écroulement ou la profanation de ces temples élevés à l'ancienne déité des Français, à la Conversation, il faut bien nous consoler un peu en parlant de ce qui nous reste.

Nous espérons que le nom de madame la comtesse Merlin étant déjà si justement célèbre, on nous pardonnera de l'insérer ici à la tête de ceux qui honorent le plus les arts et la bonne compagnie. Madame la comtesse Merlin est du petit nombre de personnes qui peuvent braver la publicité : elle-même a reconnu cette vérité en publiant sa vie; aussi croyons-nous pouvoir, sans cainte de l'offenser, réparer l'oubli qu'elle a fait de parler de ses talents et de ses soins à réunir, à encourager les artistes de tous les pays, qui ont fait de son salon un paradis harmonieux.

Là des voix d'anges, empruntées à de jeunes et jolies personnes dont les accents n'ont encore ravi que leur famille, chantent les psaumes de Marcello, les chœurs de la *Création*, par Haydn, ou ceux de *Moïse*, avec cette pureté qui donne aux chants sacrés le premier rang sur tous les autres. Aux sons de ces accords divins la femme la plus évaporée, l'élégant le plus inaccessible aux émotions de l'âme, se sentent émus d'un trouble religieux. L'esprit fort le plus décidé à ne rien croire reconnaît à cette sainte harmonie une autre patrie que la terre ; et là, entouré de toutes les séductions du monde réel, il rêve malgré lui un monde encore plus beau : il conçoit enfin qu'un si noble langage ne peut s'adresser qu'à Dieu.

Il est impossible de ne pas reconnaître l'influence que le salon de madame la comtesse Merlin a exercée sur la musique *sociale* à Paris. C'est elle qui, la première, a trouvé qu'on pouvait joindre sans nul inconvénient les avantages d'une femme du monde au talent d'une grande cantatrice, car personne ne niera que si madame Merlin fût née dans la classe des artistes, elle n'eût atteint les plus hauts succès qu'ont illustrés les concerts ou la scène. Sa voix brillante, étendue, forte et légère à la fois, le sentiment dramatique qui l'anime, et qui se trahit en dépit du point d'orgue convenu, de la dignité d'amateur et du cercle paré qui l'écoute, joints à tant d'autres dons que la nature lui a prodigués, l'auraient rendue l'idole du public; elle s'est bornée à être celle des amateurs de la bonne musique. Mais on peut juger de l'effet qu'eût produit le beau talent de madame Merlin sur un parterre nombreux, lorsqu'on se rappelle les applaudissements qui firent retentir la salle du Wauxhall le jour du concert dirigé et donné par elle au profit des Grecs. Cette bonne action, franchement et noblement accomplie, ne fait pas moins d'honneur à l'esprit, à la bonne grâce, qu'à la générosité de madame Merlin; car il fallait toute sa supériorité pour ne pas craindre le concours d'un talent aussi distingué que celui de madame Dubignon, cette charmante élève de Crescentini, vrai modèle de la grande méthode italienne, qui dit le récitatif comme la Grassini, et possède au suprême degré cette déclamation mélodieuse, cette manière de rendre la phrase musicale, dont on faisait tant de cas avant que les roulades eussent détrôné le chant.

C'est un souvenir qui restera dans tous les mémoires du temps, que cette réunion de tant de jolies femmes et de voix ravissantes, accompagnées par le premier compositeur du siècle, et bravant leurs habitudes casanières, leur timidité d'amateur et la critique d'un public payant, tout cela pour être charitables.

On reconnaissait dans les chœurs la fille de la duchesse de D..., celle de la comtesse de L..., et beaucoup d'autres que l'appât d'une bonne action avait déterminées à se mettre ainsi en spectacle; mais nul mauvais esprit n'eût osé les blâmer, et ce dévouement sans danger devrait servir d'exemple aux femmes distinguées, qui hésitent tant aujourd'hui à sacrifier leur amour-propre ou leur modestie au profit des pauvres.

Quel meilleur emploi à faire de cette éducation privilégiée, de ces talents acquis avec peine; de ces manières naturellement nobles et gracieuses, qui sont d'ordinaire le partage des femmes bien élevées, ou même élevées à l'effet. Car il faut être franc, même avec le public : la mère qui met tous ses soins à faire valoir l'esprit et les grâces de sa fille, qui paie à grands frais Bordogni, Bertini ou Labarre, pour lui donner un grand talent en musique; qui la met en pénitence lorsqu'elle fait des fautes d'orthographe, et l'oblige à lire des traités d'histoire et de littérature; cette mère espère qu'en offrant à sa fille tant d'occasions d'exercer son génie, elle daignera bien être supérieure en quelque chose. Il s'en trouve parfois, il est vrai, d'insensibles à toutes les séductions de la science et des arts. Nous ne parlons point de celles-là, le bonheur les soustrait à la gloire : ce sont les élues de ce monde, où les pauvres d'esprit ne sont pas moins bien partagés que dans l'autre; mais si l'on ne se donne pas les facultés que la nature refuse, on ne peut neutraliser ce sentiment poétique, ce goût pour l'esprit, cet amour des arts dont le ciel anime une âme d'élite. Il faut qu'une personne douée ou affligée d'une telle nature en subisse toutes les conséquences; car l'intelligence et l'aptitude la mèneront au talent, et une fois qu'elle aura dépassé le grand niveau de la médiocrité elle n'aura plus rien à attendre de la bienveillance du monde. C'est donc à l'admiration qu'il lui faudra avoir recours; noble refuge qui ressemble à ce palais de marbre et d'or, où l'on meurt de froid et de faim. Mais comme il n'est aucun moyen de gagner la fée qui nous dote ou nous déshérite en naissant, le mieux est d'oublier ce qui nous manque en mettant à profit ce qu'on possède, et que peut-on faire de plus honorable, de plus vertueux même, que de consacrer ses talents à soulager le malheur?

C'est se mettre en évidence, dit-on; sans doute, mais cette mère dont nous parlons, et qui veut que sa fille chante, non pas les naïfs duos d'opéra-comique qui suffisaient jadis aux concerts de famille, mais les plus beaux airs de la Malibran, de la Grisi, est-ce pour enchanter les derniers jours de quelques vieux parents, ou pour ravir le noble châtelain qui doit épouser sa fille, que cette bonne mère lui fait faire tant de gammes, tant de trilles, tant de fioritures savantes? Non, elle veut que tout Paris sache que sa fille a un talent supérieur, et ce n'est pas moi qui blâmerai cet orgueil maternel, le plus excusable de tous ceux qui agitent un cœur de femme. Je prouverai seulement qu'une fois ce besoin d'être applaudie reconnu, rien ne doit empêcher de l'appliquer à une bonne action.

Parmi tout ce qui a changé en France, on pourrait affirmer qu'il n'y a pas eu de révolution plus complète que celle opérée dans notre musique et dans la manière d'en jouir.

Un de nos plus anciens usages, sans contredit, était celui de faire chanter nos jeunes femmes pour charmer les convives d'un palais, d'une maison bourgeoise ou d'une chaumière; jamais usage ne fut plus général. Depuis la repasseuse qu'on invitait à venir manger des crêpes à condition qu'elle chanterait un noël à la veillée, jusqu'à la noble héritière qu'on faisait sortir de son couvent pour chanter au dessert, chez sa grand'mère, l'air cadencé de Rameau ou de Lully, chaque salon, grand ou petit, à fauteuils dorés ou à chaises de paille, avait sa cantatrice amateur. Vieille ou jeune, cette fauvette apprivoisée était invitée-née de tous les dîners d'apparat qui se donnaient dans la famille ; et comme elle savait le prix attaché à cette faveur, elle ne se faisait jamais prier. La pose du dernier, du plus humble des plats de dessert, de ces quatre mendiants, pendant inévitable de l'assiette de macarons, était le signal du coup de gosier par lequel la chanteuse débutait, sans que nul accord vînt lui donner le ton, sans que nulle ritournelle avertît le public de ce qui le menaçait.

Cela rappelle cette demoiselle qui, se trouvant au dîner *d'accords*, où elle jouait le premier rôle, entama tout à coup le grand air de la *Belle Arsène*, sans penser que son futur pourrait s'inquiéter du choix de ces paroles :

> Non, non, non, j'ai trop de fierté
> Pour me soumettre à l'esclavage !

Mais dans ce temps-là on ne savait bien qu'un air, et on le chantait toujours, qu'il allât bien ou mal à la situation : on choisissait d'ordinaire l'air marquant de l'opéra qui venait d'obtenir le plus de succès. Tant pis pour le repas de noces qui se donnait du temps où l'air de *Castor et Pollux* était à la mode ; il fallait subir le chant funèbre de

> Tristes apprêts, pâles flambeaux, etc.

avant d'arriver aux flons flons bachiques, aux refrains graveleux, faits pour la circonstance.

Cependant l'opéra-comique, qui faisait alors les délices du monde élégant, remplaça bientôt les lamentations du grand opéra ; on n'applaudit plus qu'à des ariettes, et l'usage en fut généralement répandu : ce qui valut tant de confusion et de moqueries à l'innocente qui se mit à chanter à souper chez la marquise de Puisieux l'air des *Chasseurs et la Laitière* :

> Je suis, etc...

On n'ose en citer davantage.

Ces sortes de concerts de table finissaient de coutume par des chansons fort gaies, que la jolie chanteuse d'opéra n'entendait point ; car alors les jeunes personnes sortaient de table dès que les convives commençaient à s'amuser, mesure aussi profitable à l'innocence des unes qu'à la gaieté des autres.

L'usage du clavecin, puis du piano accompagnateur, fit tomber celui des chants solitaires. Il ne se trouva plus de femme qui voulût aventurer sa voix sans l'appui d'un instrument à cordes. Alors l'air dramatique reprit son pas sur l'ariette, la romance opprima la chanson, et les accents de la naïve chanteuse furent anéantis sous le récitatif et les éclats de voix de la cantatrice savante.

L'art gagna sans doute à cette révolution : des maîtres venus d'Italie apprirent aux amateurs à filer des sons, les initièrent dans le grand art de ménager sa respiration, d'enfler ou de réduire la voix à volonté ; on cessa de crier en mesure, d'inspirer aux auditeurs bénévoles la crainte de voir étouffer le chanteur au milieu de la longue phrase qui lui faisait perdre haleine. Chacun s'enrôla sous les drapeaux de la méthode italienne ou allemande; ces deux puissances étrangères amenèrent une sorte de guerre civile en France, dans cette bonne France si indifférente jusque-là au progrès de l'harmonie, à qui les airs de ses vieilles ballades, de ses menuets cadencés suffisaient ; qui n'aimait dans ses chansons que leur refrain spirituel, grivois ou malin, sans s'inquiéter des notes qui les soutenaient. Cette France qui, sans l'Angleterre, eût été le pays le moins musical de l'Europe, prit feu tout à coup pour ou contre l'harmonie allemande ou la mélodie italienne; ce fut comme une guerre de religion, et l'on vit des familles désunies, des ménages troublés, des amitiés à jamais rompues par suite de ces querelles musicales. Les esprits les plus éclairés, les plus doux, n'étaient point exempts de ce vertige; je ne me rappelle pas sans en rire tout ce que j'ai souffert dans ma première jeunesse de cette folie.

Une femme belle, aimable, dévouée à un mari spirituel et tant soit peu inconstant, voilà sans contredit tous les éléments d'un ménage parfait; aussi rien n'avait-il troublé celui de ma mère, lorsqu'elle découvrit un jour que j'avais une assez belle voix et quelques dispositions pour la musique. Dès lors je je fus livrée par ordre paternel aux leçons du célèbre Imperani, le savant professeur d'Italie, auquel était dû le beau talent de la Morichelli. Mais, comme ce grand professeur avait le plus profond mépris pour la musique de Gluck, qu'adorait ma mère, celle-ci me faisait prendre par son autorité, des leçons de Richer, le premier maître de chant indigène, celui qui donnait des leçons à la reine, qui dirigeait avec Piccini ses concerts, et que le talent inné du jeune Garat, avait séduit à tel point qu'il le faisait chanter avec lui à la cour.

Hélas! ces soirées de musique étaient devenues les seules distractions agréables à toutes les inquiétudes politiques, à tous les pressentiments sinistres qui accablaient déjà le cœur de cette malheureuse princesse. Et cet innocent plaisir lui-même n'était pas exempt de préoccupations craintives. A peine osait-elle laisser chanter le duo d'*Armide*, devant une cour empressée de lui plaire en applaudissant le chef-d'œuvre du chevalier Gluck : il est vrai que ces suffrages étaient moins adressés au génie du compositeur qu'à son titre de compatriote de la reine. Cette femme, qu'on accusait d'aimer son frère, ne pouvait protéger un talent allemand sans crime de haute-trahison ; il lui fallait composer son visage, dissimuler l'enthousiasme que lui inspiraient tant de nobles chants, cacher ses larmes en écoutant les *Adieux d'Iphigénie*, sous peine d'être soupçonnée d'une partialité coupable, de conserver quelque souvenir de sa patrie, de s'émouvoir aux accents qu'elle lui rappelait, d'être appelée *l'Autrichienne*, *l'Étrangère*... et l'on sait trop où ces deux noms devaient la conduire.

Sans avoir à craindre d'aussi cruelles conséquences de mon admiration pour la musique de Gluck, j'avais soin de ne l'étudier qu'en l'absence de mon père ; cette étude fatigante par les notes élevées et soutenues du chant dramatique, j'en étais parfois exténuée, les jours où mon père, ayant rencontré Piccini, l'amenait dîner avec nous, et qu'il me fallait chanter les grands airs de *Didon*, après m'être enrouée en déclamant *Alceste*. Alors j'inventais quelque prétexte pour expliquer la faiblesse de ma voix, mon manque de respiration, sans jamais en avouer la véritable cause, discrétion qui me valait un regard reconnaissant de ma mère.

Je ne rapporte ces petits faits que pour donner une idée de l'importance qu'on attachait alors à la musique. L'apparition d'un nouvel opéra était un événement, presque une bataille ; on y risquait sa vie pour son idole, comme dans ces temps d'ignorance où les chrétiens s'égorgeaient entre eux, faute de comprendre leur religion. L'esprit de combat est tellement naturel aux Français, qu'avant de sentir, d'apprécier, d'aimer un art, ils sont déjà tout prêts à se battre pour lui.

Il a fallu que l'étude de la musique devînt aussi générale en France pour nous amener enfin à cette grande découverte, qu'il n'y a que deux musiques au monde, la bonne et la mauvaise; qu'un chef-d'œuvre n'a pas besoin de patrie, et qu'après s'être longtemps et justement moqué de la musique française, il faut bien convenir que l'école à laquelle on doit les partitions de *Montano*, de *Joseph*, de la *Dame-Blanche*, de la *Muette*, de *Fra-Diavolo*, du *Pré-aux-Clercs*, et de tant d'autres ouvrages charmants, a pris rang parmi les grandes puissances de l'harmonie.

L'exclusion, ce despote avare qui s'enferme dans son trésor, de peur de s'amuser des richesses d'un autre, n'a point d'accès dans le salon de la comtesse Merlin. On n'y demande le passe-port d'aucun talent avant de l'applaudir. Les différentes sectes attachées au culte des arts, comme les différents partis en politique, s'y rencontrent sans s'y heurter. Le bruit des discussions n'y couvre pas celui du piano, et si quelques mots trop sonores s'y font entendre, c'est qu'on prend aujourd'hui l'habitude de caqueter tout haut, et que cela trouble plus d'une sorte d'harmonie.

Là on a vu les premiers talents oublier leur rivalité pour offrir le modèle d'une exécution parfaite, et dépasser en ce genre jusqu'aux vœux du compositeur lui-même. Là Rossini entendait madame Malibran et mademoiselle Sontag chanter ensemble ses duos si brillants. Là, cette jalousie, que le public aime tant à faire naître et à augmenter, cédait au désir de plaire à la maîtresse de la maison, à sa bonne grâce affectueuse et impartiale, qui sait accorder à chacun sa part d'éloges et lui assurer sa part de succès. Là toutes les belles partitions de Rossini, de Meyerbeer, de Bellini, de Donizetti, ont été essayées avant d'être couronnées sur la scène. Enfin on est tellement habitué à voir paraître dans ce *salon* toutes les supériorités de l'art musical, que, me trouvant l'autre soir dans une maison où plusieurs personnes, qui revenaient de l'Opéra, vantaient avec enthousiasme la voix admirable, la méthode de Duprez, quelqu'un me dit :

— Je suis désolé de n'avoir pu l'entendre aujourd'hui; mais nous l'applaudirons sans doute bientôt chez madame Merlin.

La splendeur mélodieuse de ces brillants concerts triomphe de la froideur du public de nos salons modernes; car on peut citer plusieurs salons où il se fait encore d'excellente musique. Mais comment est-elle écoutée, bon Dieu!... Quel frisson mortel s'empare du malheureux artiste appelé par la ritournelle à chanter devant ce cercle de femmes occupées mutuellement et exclusivement de leur parure! D'abord le désespoir de faire naître la moindre émotion sur ces beaux ou laids visages lui ôte la moitié de son talent; mais, si, par miracle, l'autre moitié agit sur un petit nombre d'amateurs qui ne craignent pas de se compromettre par quelques signes approbatifs, l'écho de ces bravos timides, tombés sur un monceau de glace, retentit aussi tristement que l'aumône jetée par une main charitable dans un tronc désert. A voir ces jeunes femmes si insensibles aux plus doux accents, on pourrait croire leur âme absente ou paralysée, si l'on ne savait que l'énergie de cette jeune âme s'est épuisée deux heures auparavant en imprécations contre mademoiselle Baudran ou mademoiselle Palmyre, pour un chapeau en retard ou une robe manquée.

Espérons que cette chaleur déplacée se reportera bientôt sur ce qui en est digne, et que les professeurs ou les amateurs n'en seront plus réduits à des efforts de passion surnaturels pour vaincre l'apathie des auditeurs du beau monde; car, si nous déplorons l'immobilité, le silence, qui succèdent parfois à des airs ravissants, nous souffrons encore davantage en voyant une femme jeune, belle, tenter de galvaniser un salon engourdi en exhalant les plaintes aiguës d'un amour trahi, ou la démence très-peu chaste d'une pauvre abandonnée. Ces lamentations, ces sanglots notés, à propos de l'inconstance ou de la froideur d'un ingrat, deviennent si multipliés, que, si les romances étaient, comme la comédie, un miroir du siècle, les femmes de celui-ci passeraient dans la postérité pour avoir été les plus ennuyeuses et les moins aimées du monde.

Ridicule pour ridicule, je préfère celui des hommes qui chantaient jadis leur douloureux martyre à celui de ces jeunes personnes auxquelles l'on a recommandé d'avoir de l'âme, comme si ce malheur s'acquérait, et qui croient qu'en levant les yeux au plafond et en prononçant le mot *baiser de la folle* comme s'il y avait quatre *b*, elles atteignent au suprême du dramatique de concert. N'est-il pas inconvenant d'entendre ces gémissements érotiques passer par des voix virginales? et ces jeunes amateurs si pures, si belles, dont la timidité naturelle à leur âge offre un si frappant contraste avec ce qu'elles chantent, ne seraient-elles pas plus gracieuses en soupirant la romance mélancolique qu'en imitant les convulsions du désespoir amoureux? La langueur va si bien au visage d'une femme, sans compter qu'on s'intéresse toujours plus au sentiment qu'elle fait éclater. Au reste, nous ne critiquons cette mode que pour l'empêcher de revenir; car elle nous semble passée et trépassée. Les romances chantées avec tant de charme cet hiver par madame Damoreau sont devenues des modèles de bon goût, que les amateurs en ce genre s'empressent d'imiter; et ce vieux bon goût des salons de Paris, que l'on insulte, comme toutes les anciennes puissances, à coups de mots bizarres, d'injures shakspeariennes, n'en exerce pas moins son influence sur la majorité du public.

Cette vérité est assez démontrée par l'empressement qu'on met à se rendre aux invitations du comte et de la comtesse Merlin. Les engagements, les rhumes, les bals, rien ne fait obstacle au désir qu'on a d'entendre de si bonne musique, toujours si bien exécutée. Et puis cette hospitalité accordée aux arts par une vieille gloire militaire a quelque chose de noble et d'intéressant; on aime à trouver les loisirs de la paix chez ceux qui font la guerre, et ces duos chantés par la mère et la fille avec un double talent causent un double plaisir : quand l'amour maternel descend à la fraternité, il a tant de grâce!

Ce qui rassure dans ce salon, c'est que, s'il prenait tout à coup une extinction de voix ou de bonne volonté aux personnes inscrites sur le programme du concert, on y trouverait encore un si grand nombre de causeurs spirituels, qu'on pourrait s'y consoler d'un plaisir par un autre. On dira peut-être qu'il est inutile de donner de si parfaite musique à des gens qui pourraient à la rigueur s'en passer; car le charme d'une bonne conversation tient lieu de tout : à cela nous répondrons qu'on n'obtient du silence que de ceux qui le rompraient agréablement; que, les gens sans idées parlant toujours et tout haut, il est bon de leur opposer des gens d'esprit qui savent se taire, et pour qui la musique est une source d'inspirations ; tous les talents sont frères. Oui, la supériorité est une confrérie dont les membres se reconnaissent entre eux et se comprennent toujours en dépit de leurs différents langages. L'envie a beau les diviser, les persécuter, les exiler comme atteints et convaincus de génie, semblables aux descendants de ce peuple proscrit pour le crime de ses aïeux, lorsqu'ils se rencontrent, fût-ce au bout du monde, ils s'entendent aussitôt et se sourient ainsi que les enfants d'une même famille.

Rendons grâces aux personnes d'élite qui se plaisent encore à les rassembler, chez qui les étrangers peuvent encore retrouver ce culte des arts, ces fêtes de l'esprit, cette politesse exquise dont la France a si longtemps offert un modèle parfait.

Nous deviendrons sans doute un jour de grands politiques, c'est à présumer d'après toute la peine qu'on se donne pour cela depuis quarante ans ; mais comme l'éducation des peuples est longue et difficile, je pense qu'il serait prudent de garder nos agréments, en attendant que nous eussions acquis ces grandes vertus, cette haute sagesse, indispensables aux bons gouvernements et même aux heureux gouvernés. Pourquoi jeter au feu la parure qui nous embellissait, avant d'avoir acquis le vêtement solide, imperméable, qui doit nous mettre à l'abri de toutes les intempéries politiques ? Avant d'arriver à ce paradis national, où les martyrs de tous les partis déposeront leurs palmes sur l'autel de la patrie, contentons-nous du patrimoine de nos pères, et, comme dans ces temps si décriés aujourd'hui, résignons-nous à vivre encore quelques années, s'il se peut, d'esprit, de plaisir et de gloire.

LE

SALON DE L'IMPÉRATRICE JOSÉPHINE

C'était au mois d'août 1804 ; l'empereur venait de se rendre à Boulogne, où deux milliers de bateaux plats se construisaient dans le dessein de débarquer son armée sur les côtes de l'Angleterre. Pendant ce temps, l'impératrice Joséphine devait venir prendre les eaux d'Aix-la-Chapelle. Les gens qui cherchent aux moindres démarches des souverains une cause occulte, et pour qui la cause apparente ou réelle ne semble jamais qu'un prétexte, disaient tout bas que la cour impériale, à peine formée, venait faire ses répétitions de solennités et d'étiquette près des vieux murs du palais de Charlemagne, et essayer la couronne de France sous les arceaux gothiques de cette cathédrale où les empereurs d'Allemagne se faisaient couronner, et dont le trésor renferme encore le baudrier et l'épée du plus grand de nos rois.

A la nouvelle de ce voyage, les grandes et les petites autorités se rendirent en hâte à leur poste, les unes pour recevoir, escorter la princesse, les autres pour la haranguer.

Lorsque l'impératrice voyageait, tout était fixé et prévu d'avance ; elle emportait sa leçon écrite sous la dictée de l'empereur ; tout était noté jusqu'à la moindre réponse à faire aux maires et aux préfets bavards chargés de la complimenter. On doit dire à l'éloge de Joséphine que ses réponses n'étaient jamais plus gracieuses, plus à propos, que lorsque sa mémoire en défaut perdait la trace des lieux communs prescrits, et l'obligeait à improviser ses remercîments.

Rien ne donne mieux l'idée du caractère de cette aimable créole française, que ce que Napoléon en dit lui-même dans le parallèle qu'il fait d'elle et de Marie-Louise :

« J'ai été fort occupé, dit-il, dans ma vie, de deux femmes très-différentes : l'une était l'art et les grâces, l'autre l'innocence et la simple nature ; et chacune avait bien son prix.

» Dans aucun moment de sa vie, la première n'avait de position ou d'attitudes qui ne fussent agréables ou séduisantes ; il eût été impossible de lui surprendre ou d'en éprouver jamais aucun inconvénient : tout ce que l'art peut imaginer en faveur des attraits était imaginé par elle, mais avec un tel mystère, qu'on n'en apercevait jamais rien. L'autre, au contraire, ne soupçonnait même pas qu'il pût y avoir rien à gagner dans d'innocents artifices. L'une était toujours à côté de la vérité, son premier mouvement était la négative ; la seconde ignorait la dissimulation, tout détour lui était étranger. La première ne demandait jamais rien à son mari, mais elle devait partout ; la seconde n'hésitait pas à demander quand elle n'avait plus, ce qui était fort rare. Elle n'aurait pas cru pouvoir rien prendre sans payer aussitôt. Du reste, toutes les deux étaient bonnes, douces, fort attachées à leur mari ; je les ai toujours trouvées de l'humeur la plus égale et d'une complaisance absolue (1). »

La joie fut générale dans le département de la Roër lorsqu'on apprit que l'impératrice allait le visiter; dès que j'en fus instruite, je quittai Paris, quoique fort souffrante, pour rejoindre mon mari à Aix-la-Chapelle, et l'aider à faire les honneurs de sa maison à toutes les personnes distinguées qu'attirait déjà dans la ville le prochain séjour de l'impératrice.

Les vrais malades, ceux que le mouvement, le bruit incommode, cédèrent leurs appartements aux malades ambitieux, qui, sous prétexte de prendre les eaux, venaient guetter les places encore vacantes de la maison impériale.

C'était un bon sujet d'observations que toutes ces petites menées pour arriver à obtenir ce qu'on affectait de dédaigner, et que les moqueries piquantes, les remarquables critiques des personnes non accueillies dans cette cour, qu'un refus leur faisait traiter de parodie burlesque.

(1) *Mémorial de Sainte-Hélène*. t III, p. 240.

A cette époque, il n'y avait en France de bons chemins que ceux où devait passer l'empereur, et, comme la guerre ne l'avait jamais amené dans le département de la Roër, on ne saurait se figurer l'état de dégradation dans lequel était tombée la route qui conduit de Liége à Aix-la-Chapelle : c'était une suite de précipices, où chaque voyageur laissait ordinairement quelques débris de sa voiture ; en ayant déjà cassé deux pour ma part sur cette abominable route, je ne la faisais plus qu'à cheval ; mais on ne pouvait proposer cette manière d'éluder les périls du chemin à l'impératrice Joséphine, et la commune se décida à implorer le ministre de l'intérieur et le directeur des ponts-et-chaussées, pour obtenir cette réparation urgente. Le directeur, pour toute réponse, donna l'ordre de boucher tant bien que mal avec du sable les trous énormes où s'engloutissaient les roues ; enfin d'arranger cela provisoirement, de manière à assurer la vie sauve aux équipages de l'impératrice, quitte à voir fracasser de nouveau tous ceux qui viendraient après son passage.

Cela parut une injure de la part de la direction des ponts-et-chaussées envers les habitants d'Aix-la-

Chapelle : voici comment ils s'en vengèrent. Ayant appris le moment où le directeur devait passer par cette route pour se rendre auprès de l'impératrice, ils firent tout bonnement retirer le sable dont on avait comblé les ornières et les excavations profondes. Le directeur versa comme un simple particulier, et même plus dangereusement, vu son extrême embonpoint, et vu cette confiance ministérielle qui ne permet pas à la *Providence* des routes d'un pays de se croire en danger dans son empire.

Toute la gravité du cercle de l'impératrice ne put tenir au récit des infortunes dont M. Crété avait été victime pendant le trajet de Liége à Aix-la-Chapelle; car plusieurs personnes étaient dans le secret de la pétition frappante, dont le mode, jusqu'alors inusité, devait obtenir le succès refusé aux plus éloquentes requêtes.

L'empereur, trouvant convenable qu'au début d'un règne l'impératrice logeât chez elle, avait fait acheter quatre fois sa valeur la maison d'un des plus riches propriétaires d'Aix-la-Chapelle, d'abord pour se concilier la bienveillance des habitants en leur laissant croire que cette acquisition était garant du projet qu'avait l'impératrice de venir prendre les eaux l'année suivante, ensuite parce qu'il présumait qu'elle et sa cour y seraient commodément établies. Mais la maison de M. J***, petite et laide, était loin de convenir à de tels hôtes, et rien ne donne mieux la mesure de la soumission de Joséphine aux ordres de son royal époux que sa résignation à rester dans cette baraque jusqu'au moment où arriva l'autorisation d'accepter l'offre de M. Méchin, qui s'était empressé de mettre l'hôtel de la préfecture à la disposition de Sa Majesté.

C'est là que furent posés les premiers fondements de cette cour impériale qui devait être bientôt la plus brillante de l'Europe ; c'est là que l'impératrice, servie par les souvenirs de la vicomtesse de Beauharnais, essayait chaque jour le rétablissement de quelque usage étouffé sous la Révolution, ou le retour de ces formules respectueuses sacrifiées aux manières républicaines.

Ce n'était pas la bonne volonté de les adopter qui manquait, car jamais le pouvoir n'est aussi avide d'hommages que le vulgaire n'est pressé de lui en rendre ; mais le métier de courtisan ne s'apprend pas en un jour, on en a longtemps les défauts avant d'en posséder le bon ton et la grâce. Il s'agissait de se former mutuellement, les uns aux airs protecteurs, au maintien digne, les autres à l'attitude humble, au sourire flatteur ; ce code oublié ou méconnu de la plupart de ceux qui devaient l'imposer ou le subir, on venait en faire l'essai, comme des poisons de Cléopâtre, sur quelques domestiques.

On peut appeler ainsi les premiers qui se prosternèrent là où on ne leur demandait que de s'incliner ; par malheur, c'était justement les zélés qui commettaient le plus de fautes contre l'étiquette. A peine commençait-on à prendre au sérieux un de ces devoirs puérils évoqués du siècle de Louis XIV, que la gaucherie des nouveaux courtisans empressés de les remplir excitait la gaieté des souverains eux-mêmes.

La bassesse allait toute seule ; mais la politesse noble arrivait plus lentement, et pourtant Joséphine en offrait la parfait modèle. Sa nature gracieuse, ses manières distinguées, les traditions de cour dont elle gardait le souvenir pouvaient la rendre exigeante ; mais son indulgence sur ce point était inépuisable, ce dont madame de Larochefoucauld, sa dame d'honneur et M. d'Harville, son grand-écuyer, la grondaient souvent ; alors elle répondait en riant :

— Cette étiquette est bonne pour des puissances nées sur le trône et habituées à la gêne qu'elle impose; mais moi, qui ai eu le bonheur de vivre tant d'années en simple particulière, trouvez bon que je pardonne à ceux qui s'en souviennent autant que moi.

Dès que l'impératrice fut installée à l'hôtel de la préfecture, il y eut grande réception des principaux fonctionnaires et habitants de la ville, et des étrangers de marque, qui se trouvaient en ce moment aux eaux d'Aix-la-Chapelle. C'est à ce cercle que je revis pour la première fois, depuis son élévation, cette femme aimable que j'avais rencontrée souvent dans le monde, et particulièrement chez notre amie commune, madame de Cabarus(1).

Je conservais surtout le souvenir d'un dîner que nous avions fait ensemble chez la belle madame de Fonfrède, peu de jours après que Bonaparte fut nommé général en chef de l'armée d'Italie.

(1) Depuis princesse de Chimay.

Il était l'heure de se mettre à table, madame Bonaparte insista pour qu'on n'attendît pas son mari; cela parut tout simple... On passa dans la salle à manger, et la place qui restait au bout de la table fut réservée au futur vainqueur de l'Italie.

Il arriva bientôt, s'assit tranquillement à la place vacante; et, voyant qu'on ne l'avait pas attendu, il se crut dispensé de faire aucune excuse.

— Ah! le voilà, dit madame Bonaparte au maître de la maison. Alors celui-ci adressa un petit salut de la main au jeune général. Madame Tallien lui sourit avec sa grâce ordinaire, et l'on ne s'en occupa plus.

Le marquis de Livry, à côté de qui je me trouvais, fut le seul qui y prit garde; il est vrai que sa manie d'observer se portait sur tout le monde, et l'avait amené à reconnaître l'âge de chacun d'une manière désolante pour ceux ou celles qui en font mystère. A quelques mois près, il disait l'âge des gens qu'il n'avait jamais vus, et défiait tous les miracles de conservation; madame V... elle-même, dont le beau visage dénonçait à peine la moitié des années, avait été *cotée* par lui à son nombre juste; il s'entretenait dans cette science par une étude quotidienne de l'état civil et des recherches profondes sur les extraits de baptême, tâchant d'y joindre aussi la connaissance des aventures galantes et même scandaleuses des personnes qui attirent l'attention. Ce talent lui faisait plus d'ennemis que ses défauts, et pourtant il passait pour être joueur, un peu libertin et d'une malice impitoyable. La beauté majestueuse de madame de Cambis, celle de madame de Château-Regnaud, les traits charmants; les yeux si vifs de madame de Noailles(1), enfin jusqu'à la séduction irrésistible de madame Tallien, qui était aussi de ce dîner, rien ne trouva grâce devant l'impartialité délatrice de M. de Livry; l'âge de ces dames, leurs préférences les plus secrètes, tout fut dénoncé.

Heureusement elles pouvaient impunément braver ses indiscrétions : le fait est qu'il ne leur reprochait guère que la fraude d'une ou deux années. Eh bien! tout en le détestant, on le recevait à merveille; car on se flattait d'acheter son silence en redoublant de cajoleries.

J'étais trop jeune, à cette époque, pour avoir rien

(1) Mademoiselle Lecouteux.

à craindre de sa manie ; aussi m'en parla-t-il en toute confiance.

— Ce jeune homme, dit-il en me désignant Bonaparte, est pourtant amoureux de cette femme qui a six ans de plus que lui, ce qui, en style créole, équivaut au moins à douze ; car, dans nos colonies, les femmes sont vieilles à trente-quatre ans.

— Je ne m'étonne pas qu'il en soit amoureux, répondis-je en regardant madame Bonaparte, elle est encore fort agréable.

— Ah! ce qu'elle a de mieux, reprit-il en souriant, c'est son ascendant sur l'esprit de Barras ; elle s'en est servie, dit-on, fort adroitement pour faire obtenir un beau commandement à son mari. Au reste, le ciel doit bien à cette pauvre femme quelques compensations conjugales, car son premier mari l'a rendue fort malheureuse : léger, inconstant comme un homme à la mode, il avait encore l'inconvénient d'être de ces jaloux honteux, qui affectent de laisser beaucoup de liberté à leurs femmes et leur font secrètement des scènes effroyables. A force de soupçonner sa femme, le vicomte de Beauharnais finit par plaider en séparation avec elle ; mais, faute de preuve, le tribunal l'a condamné à la garder; alors, ne pouvant se fuir, ils ont pris le parti de se réconcilier franchement, et l'infortunée n'a fait que changer de malheur : son mari ayant été arrêté sur une fausse accusation par les terroristes, elle a fait tant de démarches pour le faire sortir de prison, qu'on l'y a enfermée elle-même, et qu'après avoir longtemps déploré la douceur d'être associée à l'existence d'un homme infidèle et jaloux, elle a pleuré sa mort comme s'il n'avait jamais eu le moindre tort envers elle. Voilà bien les femmes, ajouta-t-il, elles n'aiment et ne regrettent que ceux qui les tyrannisent.

— Cela n'est pas rassurant pour son nouveau mari, car il semble lui être bien soumis.

— Avec ce front et ce profil on n'est soumis à personne, reprit M. de Livry en montrant Bonaparte : j'ai étudié Lavater, et, s'il faut l'en croire, ce petit gaillard-là ne doit pas être facile à mener.

La pénétration de M. de Livry ne fut imitée par aucune des personnes qui se trouvaient là; car elles firent à peine attention à Bonaparte. Cependant il venait d'être nommé général en chef de l'armée d'Italie; mais cette armée, manquant de tout et menacée par toutes les forces des puissances coalisées, offrait peu de chances de succès; j'affirmerais bien que nul d'eux ne prévoyait ses triomphes.

Au sortir de table, on passa dans un salon rempli de fleurs; madame Bonaparte se trouva mal, on en accusa les jonquilles, les jacinthes, les héliotropes, qui parfumaient le salon; mais madame Tallien, se penchant vers moi, me fit entendre que cette indisposition était l'effet naturel de l'état de grossesse de son amie. Je crois voir encore le sourire charmant dont s'éclaira tout à coup la figure sombre de Bonaparte en écoutant cette confidence: elle était hâtive, car Joséphine était remariée depuis peu de temps; mais la belle madame Tallien, toujours empressée d'être agréable à ses amis, aimait à présager ce qui devait le mieux leur plaire.

Dès que madame Bonaparte fut revenue de son indisposition, son mari nous quitta pour aller au directoire; il parla quelques moments tout bas à sa femme, lui serra la main, n'eut pas l'air d'entendre l'adieu que lui adressa madame Talien, passa devant moi sans me regarder, et sortit.

Il fallait renouer la ceinture antique que nous avions ôtée à la hâte lorsque madame Bonaparte s'était trouvée mal. Nous passâmes dans l'élégant boudoir de madame de Fonfrède; là madame Talien me fit remarquer le présent, l'*unique* présent de noces donné par Bonaparte à Joséphine. C'était un simple collier où des chaînes de cheveux se rattachaient à une plaque d'or émaillée sur laquelle on lisait ces mots :

AU DESTIN!

On sait comment le dieu a récompensé l'offrande.

Depuis le jour de ce dîner, je n'avais revu madame Bonaparte qu'aux fêtes données à la gloire du vainqueur de Lodi et d'Arcole, et je me croyais complétement oubliée d'elle, lorsqu'elle me prouva le contraire, en m'adressant la parole lors de la présentation des dames d'Aix-la-Chapelle.

Il se trouvait dans ce cercle plusieurs femmes d'une grande beauté. La plus remarquable était sans contredit madame Méchin; il y avait aussi la femme d'un commissaire de guerres, nommée madame M***, et dont la taille et le visage auraient fait sensation dans le salon le plus élégant ; la femme du général Franceschi, belle brune, qui laissait peut-être trop lire dans ses beaux yeux le regret d'avoir préféré son mari à un frère de l'empereur, lorsqu'elle pouvait épouser l'un ou l'autre ; la baronne de Fhurt, jolie représentante de la noblesse du pays ; la baronne de Lovenich, au profil grec et à la chevelure allemande ; les filles de madame Van Houten, et plusieurs autres personnes dignes de captiver les regards parisiens, si leur fidélité aux modes arriérées, à la tenue tudesque, n'en avait fait parfois de singulières caricatures.

L'impératrice était dans l'âge où l'on apprécie beaucoup plus l'élégance que la beauté ; aussi fut-elle frappée de la façon dont ma robe était faite, bien plus que des attraits mal habillés de la plupart de tant de jolies personnes. Elle reconnut aussitôt la coupe de cette fameuse madame Germond, qui la première avait fait valoir tous les avantages de sa taille créole, et savait allier avec tant d'art la noblesse d'un costume royal à la grâce d'une robe négligée. Elle remarqua surtout ma coiffure, qui, sauf la différence d'une couronne de fleurs à une couronne de diamants, ressemblait beaucoup à la sienne. La pose de la guirlande, le fini des nattes, tout trahissait la manière de Duplan. Or, ce Duplan, le grand coiffeur de l'époque, j'étais aussi une de ses pratiques, et, bien qu'il fût nouvellement élevé au grade de premier valet de chambre de l'impératrice, il était venu m'offrir ses services ce jour-là, s'étant trouvé libre avant l'heure du cercle.

On trouva dans le conseil de cour, où s'agitaient chaque jour les lois de l'étiquette, qu'il n'était pas séant que le premier valet de chambre d'une souveraine travaillât sur des têtes non couronnées, et Duplan reçut l'ordre de ne plus coiffer en ville, petite circonstance qui a commencé la fortune du célèbre Herbault.

Rien n'était plus comique que les arrêts ou les indécisions de ce comité d'étiquette, dont la moitié voulait tout ramener aux anciens usages, et l'autre moitié adapter autant que possible les vieilles traditions de cour aux manières indépendantes nées de la Révolution. Il semblait qu'on eût appelé à Aix-la-Chapelle les deux premiers auteurs comiques de l'époque pour enrichir notre théâtre de nouveaux ridicules presque aussi amusants que tous ceux constatés par Molière.

Picard avait reçu l'ordre de transporter sa troupe à Aix-la-Chapelle pendant le séjour qu'y ferait l'impératrice. M. Alexandre Duval était venu passer chez moi la saison des eaux, et l'un d'eux peut se rappeler encore à quel point le récit des parodies du château de Versailles, exécutées par les courtisans mal appris du palais impérial, fournissaient à la gaieté de nos soupers intimes. On riait sans remords des efforts superflus de ces braves officiers pour soumettre leur brusquerie naturelle aux manières respectueusement légères, aux politesses insolentes des modèles de l'ancien régime. Plusieurs d'entre eux, croyant imiter ce qu'ils appelaient proverbialement *la galanterie du siècle de Louis XIV,* donnaient dans toutes les fadeurs de M. Desmazures, et poussaient la recherche jusqu'à des comparaisons mythologiques, dont l'impératrice avait bien de la peine à ne point rire.

Le département était commandé alors par un jeune général, brave comme tous, et remarquablement beau, mais fort ignorant des usages qu'on voulait ramener. La première fois qu'il vient rendre visite à la souveraine, il la voit assise sur un long canapé, et prend place auprès d'elle, comme il l'eût fait près de la femme du maire. En vain le chambellan lui avance un siége ; en vain la dame d'honneur lui fait signe de s'y asseoir ; il la salue, et ne bouge pas du canapé. Les assistants s'indignent d'une telle familiarité ; l'impératrice seule a la bonté de ne pas s'en apercevoir; mais ce crime de lèse-étiquette est aussitôt dénoncé à l'empereur absent, et il en résulte de vives réprimandes adressées à Joséphine : ce qui lui apprend que sa cour est au complet, car les espions même n'y manquent pas.

La suite de l'impératrice à Aix-la-Chapelle se composait de madame la duchesse de la Rochefoucauld, sa dame d'honneur, de quatre dames du palais ;

La comtesse de Luçay, et plus tard madame Lannes, qui revenait de Portugal ;

La comtesse de Colbert (née mademoiselle de Canclaux) ; de la baronne de V*** ;

Du grand écuyer le chevalier d'Harville, de deux chambellans ;

M. de Beaumont, M. d'Aubusson de la Feuillade;
D'un écuyer cavalcadour, et de M. Deschamps, secrétaire des commandements, ci-devant auteur de vaudevilles fort gais, camarade littéraire et dramatique de Picard, avec qui il avait composé plusieurs petites pièces où leur ami Deprez mettait aussi tout son esprit.

M. Deschamps, élevé ou descendu tout à coup du rang d'homme de lettres à celui de serviteur de cour, était parfois embarrassé de son ancienne intimité avec l'acteur-auteur de *la Petite Ville*, ce qui amusait beaucoup de son côté l'auteur des *Héritiers*. On pouvait appliquer à M. Deschamps ce que Champfort disait de M. de Guerville :

— Observez que ce poëte n'a jamais fait un chef-d'œuvre à lui seul; il s'est toujours donné un collègue, ce qui rend le fardeau de sa gloire plus léger pour l'envie.

Du reste, ce bon M. Deschamps, poli, obligeant, spirituel, était le plus malheureux des hommes dans cette place, si ambitionnée par lui; car il avait ri trop souvent avec ses collaborateurs des ridicules de cour pour ne pas souffrir de s'en voir affubler ainsi, lui, que sa naissance, sa vocation, ses antécédents, devaient dispenser plus qu'un autre de ces nobles travers. D'ailleurs, étant, par cette place, le confident naturel des dettes que faisait journellement l'impératrice, en dépit des recommandations de l'empereur, le pauvre secrétaire des commandements se voyait sans cesse menacé de tomber, à la moindre indiscrétion, dans la disgrâce de sa maîtresse, ou d'avoir à supporter la colère du maître; et l'on sait la crainte qu'inspirait cette colère.

Réunissant alors les fonctions d'intendant à celles de secrétaire intime, il fallait tronquer les mémoires, en réduire le total, sans savoir comment on acquitterait le surplus dissimulé; il fallait flatter les créanciers, acheter leur silence, puis rédiger d'humbles observations sur les dépenses excessives consacrées à des objets de fantaisie; observations que Joséphine lisait ou écoutait avec d'autant plus de patience qu'elle n'en tenait aucun compte et n'en dépensait pas un sou de moins. Tout cela n'était rien encore; mais porter dès le matin l'habit français et l'épée au côté, sauter presque subitement de la *carmagnole* de la Terreur, de la redingote de la

République à l'habit de cour de Louis XVI, à ce costume condamné à mort par les révolutionnaires, et que nos acteurs osaient à peine hasarder dans les marquis de Molière : c'était du courage, car il n'y avait plus à braver en le portant alors que le danger d'être mal à son aise et ridicule.

Parmi les personnes que des intérêts de santé ou de fortune avaient amenées aux eaux pour la saison, on distinguait M. et madame de Sémonville, MM. de Montholon, leurs fils, et la charmante madame Macdonald, déjà cruellement atteinte par la maladie qui l'a ravie à l'amour de sa famille ; M. et madame de Turenne, M. de Villoutrais, le duc d'Aremberg, et plusieurs des principaux châtelains des rives du Rhin.

Madame de Turenne, arrivée récemment de sa province, parut tout à coup au milieu des femmes présentées à l'impératrice. Elle était assez jolie pour produire de l'effet, mais, il faut l'avouer, c'est surtout à la beauté de ses diamants qu'elle dut l'attention particulière de la souveraine et celle des personnes chargées par l'empereur d'attirer les femmes des gentilshommes riches à la cour de l'impératrice.

Lorsqu'on apprit que cette femme aux yeux brillants comme les diamants qu'elle portait avait pour mari un grand bel homme s'appelant M. de Turenne, et que tous deux allaient faire partie de la maison impériale, il se répandit une joie comique parmi plusieurs des officiers dont l'instruction en généalogie n'était pas toujours au niveau de la bravoure.

— A la bonne heure, disait chez moi un des plus attachés à l'ex-république, puisque le *général* a la rage de vouloir mêler les noms aristocrates aux nôtres, qu'il nous en donne comme celui-là; il n'y a pas un colonel qui ne soit flatté d'être le camarade du *petit-fils* du grand Turenne. Avec ce nom-là on doit bien se battre, morbleu! Cela vaut mieux que ces *muscadins* d'émigrés qui rentrent de tous côtés pour se faire prier de recommencer leurs farces d'autrefois.

On avait beau lui répondre que le maréchal de Turenne n'avait point laissé d'enfant, et qu'il y avait dans ces *muscadins* d'émigrés des Montmorency, des Mortemart, des Rohan, des Boufflers, des Villars, des Broglie, etc., dont les ancêtres s'étaient battus aussi bien que lui, il n'en continuait pas moins ses diatribes contre la vieille noblesse française, ne faisant qu'une seule exception en faveur du prétendu fils du maréchal de Turenne.

Cet intrépide soldat de nos armées républicaines était un vrai type du militaire de l'époque, brave jusqu'à l'héroïsme, aimant la liberté, croyant se battre pour elle, dédaignant toute science étrangère à la guerre, adorant Bonaparte, mécontent de l'empereur, *grognant* sur ses décrets, mais lui obéissant en esclave. Il ne permettait qu'à lui d'en médire. Inflexible à propos du devoir ; du reste, humain, généreux même, il avait subi la plus cruelle épreuve que le sort pût infliger à un officier de ce temps ; il avait été choisi pour commander le piquet de gendarmerie d'élite qui devait faire feu sur le duc d'Enghien...

Réveillé au milieu de la nuit par l'ordre de se rendre dans les fossés de Vincennes pour y faire justice, lui disait-on, d'un officier traître et condamné par le conseil de guerre, il avait cru avoir à accomplir un de ces tristes devoirs imposés par la discipline. Le récit qu'il me fit de ce qu'il avait éprouvé dans cet affreux moment est si présent à ma mémoire, que je crois l'entendre encore dans ses expressions moitié grotesques, moitié touchantes.

— Faut-il avoir du malheur! disait-il; moi qui ai toujours eu en exécration ces fêtes-là... Mais que voulez-vous, c'est dans le métier, il faut bien s'y résigner; on vous prendrait pour un *Mimi*, si on faisait des façons pour fusiller un déserteur, ou quelque pauvre diable coupable d'une vivacité envers son chef : aussi n'ai-je pas soufflé mot quand on est venu me réveiller de la part du général pour faire exécuter la sentence du conseil; seulement je me suis étonné de l'heure choisie pour cette expédition. Tuer un homme en plein jour, passe encore; mais au milieu de la nuit, à la lueur d'une lanterne posée sur son cœur; mille tonnerres! il y a là de quoi démonter le plus brave.

En parlant ainsi, la grosse face du capitaine d'H... pâlissait de souvenir.

— Sans compter, ajouta-t-il, que tout ce qui se fait dans ce goût-là, à la sourdine, m'est toujours un peu suspect. Allons, me dis-je, le pauvre garçon a fait une bêtise, il faut qu'il la paie ; alors je dispose mes hommes, et je leur répète d'être exacts au commandement, car il y a de ces gaillards-là qui tuent des Autrichiens comme des moineaux, et qui ne savent pas viser sur un camarade.

» Tout à coup, voilà une petite porte qui s'ouvre, des fusiliers en sortent, le patient était, comme de droit, au milieu d'eux.

» Ah! ah! pensai-je en le regardant, ce n'est pas là un enfant de la gamelle. Quel air noble! quelle bonne contenance! comme il marche d'un pas ferme! Mais, Dieu me pardonne, il est encore tout jeune, trente ans, guère plus; il faut que ça soit quelque fils de bonne maison, car les chefs lui font politesse: avec cette figure-là, avec ce courage, dirait-on qu'il ait pu mériter une si vilaine mort?

» Et voilà que cette réflexion me bouleverse la tête; je m'imagine que c'est un pauvre jeune homme victime d'un faux rapport, un brave officier calomnié. Il me prend comme un étouffement dans la poitrine; il me semble que je n'ai plus de voix, que ce mot *feu*... ne pourra sortir de ma bouche. Il n'y avait pourtant pas à reculer, il ne fallait pas se faire fusiller à sa place.

» Heureusement je le vois faire signe à un des nôtres, comme s'il voulait lui parler. Il lui remet un papier. Je crois qu'il cherche à gagner du temps. Bon, me dis-je, il cagne un peu. Dame! le moment est dur, on tâche de l'éloigner. Cela me rend courage, à moi... je fais mon devoir.

Ici le capitaine s'arrêta, pâle, abattu, comme s'il entendait encore la fatale explosion. Il leva les yeux sur moi, et il faut croire que mon visage portait une vive empreinte d'indignation et de terreur, car il détourna brusquement la tête en s'écriant :

— Vous m'excusez, n'est-ce pas? Mais savais-je qui c'était?... savais-je que le conseil de guerre s'était dépêché de l'expédier, de peur que l'empereur ne lui fît grâce? Savais-je seulement que le papier qu'il avait remis au camarade, c'était une mèche de ses cheveux, un dernier adieu à la femme qu'il aimait? Dieu me confonde, je crois que si je m'en étais douté, je n'aurais jamais eu la force de faire tirer dessus; et pourtant le ciel sait si je hais tous ces Bourbons depuis la machine infernale. Mais, mille bombes! celui-là avait l'air d'un si brave officier, et puis cette contenance d'un soldat qui n'a rien à se reprocher et qui se moque de la mort! Ce regard de pitié qu'il portait sur nous comme pour dire : Pauvres gens, je vous plains plus que moi, car vous allez tuer un bon Français! Et quand vous apprendrez qu'il n'était pas coupable, cette action-là vous restera sur le cœur comme un crime.

» C'est pourtant vrai, madame, ajouta le capitaine en se frappant la poitrine, j'avais la conscience nette; et quand au sortir de cette triste expédition j'ai vu le camarade (1) M... s'évanouir comme une femme, quand ce pauvre garçon, qui avait été élevé chez le ci-devant prince de Condé, se mit à sangloter en nous disant que nous venions de tuer un innocent; que ce jeune homme, si beau, si brave, qui gisait là percé de nos balles... était le duc d'Enghien... eh bien, j'ai senti comme un coup de poing dans le cœur... et Dieu sait combien j'ai juré contre ceux qui nous avaient donné cette commission... car, ne vous y trompez pas, vraiment, cette expédition-là n'est pas sortie du chef de l'empereur... Ce n'est, morbleu! pas ainsi qu'il traite avec ses ennemis...

(1) C'est l'officier cité dans la biographie du duc d'Enghien.

il les tue en plein jour, à coups de canon... au risque d'être emporté lui-même par un boulet... Mais c'est quelques-uns de ces vieux routiers de cour qui ont peur de passer aux verges, si les anciens qu'ils ont plantés là revenaient ; ce sont ces *pékins* politiques qui ont pris sur eux de fusiller un Bourbon, croyant faire grand plaisir au général. Eh bien, ils se sont trompés, car j'ai su par mon cousin, qui est dans le service de la chambre aux Tuileries, que l'empereur en voyant entrer dans sa chambre Joséphine, la figure décomposée, noyée de larmes, et s'écriant :

» — Le duc d'Enghien est mort ! Ah ! mon Dieu ! qu'as-tu fait ?

» Je sais que l'empereur a pâli, qu'il a dit d'une voix étouffée :

» — *Les malheureux ont été trop vite.*

» Je sais qu'il est resté plusieurs jours accablé sous le poids d'une tristesse sombre, et qu'il a eu plusieurs nuits sans sommeil... Ah ! ces nuits-là resteront dans sa mémoire ; il ne dira jamais le mal qu'il en a éprouvé, c'est juste ; la chose est faite, il faut bien la soutenir ; mais croyez qu'il détestera toute sa vie ceux qui l'ont conseillée, et même les pauvres diables qui, ainsi que moi, l'ont accomplie sans savoir ce qu'ils faisaient.

L'arrivée de M. de C*** interrompit ce récit, que j'aurais tremblé de voir continuer devant lui. Il m'a avoué depuis que, frappé de l'altération peinte sur mon visage et sur celui du capitaine d'H***, il avait été au moment de se retirer par discrétion, mais que l'embarras d'une sortie non motivée l'avait retenu.

M. de C... était un de ces émigrés nouvellement radiés, que le souvenir et le voisinage de Coblentz maintenaient sur les bords du Rhin. La peur d'un retour de terreur était bien aussi pour quelque chose dans leur soin à ne pas s'éloigner de la frontière; mais ce qui leur rendait surtout le séjour de ces provinces agréable, c'était le plaisir d'y entendre médire sans ces cesse des agens du gouvernement français, et regretter en même temps toutes les vexations qu'on déplorait sous la domination germanique : c'est le travers habituel de toute province conquise; et cette malveillance contre les vainqueurs était en harmonie avec la mauvaise humeur des blessés de la Révolution.

Le capitaine d'H... s'aperçut bientôt à mon embarras qu'il venait d'entrer un homme dont je redoutais autant les confidences royales que je venais de frémir à son récit républicain. Il me lança un regard de reproche ; car c'était l'injurier que de craindre qu'un émigré se compromît devant lui ; il aurait pu le faire impunément. Le capitaine d'H... était un homme d'honneur dans toute l'étendue du mot. Eh bien, le souvenir de ses éminentes qualités et du service qu'il avait rendu à mon mari en le laissant s'échapper de prison en 93 ne parvenaient point à triompher de celui de l'atroce mission qu'il s'était vu forcé de remplir, et, je l'avoue à ma honte, ce malheur, qui aurait dû redoubler mon intérêt pour lui par le sentiment qu'il en conservait, me rendit sa présence insupportable. Je le voyais toujours commandant le massacre d'un innocent... et quel innocent!...

Il me dit un jour :

— J'ai eu grand tort, madame, de vous parler de l'affaire de Vincennes ; vous êtes comme moi, vous y pensez toujours ?

— Oui, trop souvent, répondis-je.

— Et vous m'en voulez d'avoir fait mon devoir?

— C'est vrai ; mais c'est une injustice qui passera, j'espère.

— Jamais! reprit-il avec amertume ; les femmes sont comme les généraux en chef, il ne faut jamais leur raconter que ce qui nous fait honneur.

A dater de ce jour, je n'ai plus revu le capitaine d'H... : il a été tué à l'une de nos victoires.

Peu de jours avant son départ de Paris, l'impératrice avait assisté à la distribution des décorations de la Légion d'honneur. Cette cérémonie s'était passée en grande pompe à l'église des Invalides, et l'on ferait des volumes de la quantité d'épigrammes, de quolibets, de bons mots dédaigneux, qui saluèrent la naissance de cet ordre, sollicité depuis par toutes les illustrations de la France.

Cependant Napoléon, placé pour la première fois sur un trône, avait reçu ce jour-là dix-neuf cents chevaliers. Pour la première fois aussi le cortége de la cour impériale venait de passer sur la place même où était tombée la tête de Louis XVI.

Le vainqueur de Marengo avait quitté son cheval de bataille pour traverser en voiture d'apparat la grande allée des Tuileries, et ce jardin, comme aujourd'hui, parfumé de fleurs, rempli de guerriers, de femmes élégantes, retentissait des cris de *vive l'empereur! vive l'impératrice!* au lieu des cris du jour; et les journaux disaient aussi : *l'ivresse est dans tous les cœurs; l'enthousiasme est à son comble!* car de tous les genres de style, le moins varié est celui qui s'applique au pouvoir.

Pourtant les fidèles à la liberté renvoyaient leurs croix; les républicains menaçaient de traiter le nouveau trône comme l'ancien; ceux que leurs noms ou leurs intérêts attachaient au parti déchu riaient de pitié en voyant singer ainsi la grandeur royale, et disaient :

— Voici une croix qui assure le retour de ma croix de Saint-Louis.

Le soir de cette grande solennité, l'empereur conduisit toute sa cour dans la salle des statues antiques. On admira aux flambeaux les chefs-d'œuvre conquis par lui sur l'Italie. C'est ainsi qu'à chacune des actions royales, qu'il risquait en dépit de la République, il aimait à montrer ses droits à la reconnaissance nationale.

Chaque département devait avoir sa part de décorations. Il fut décidé que l'impératrice distribuerait celles destinées au département de la Roër. On rêvait déjà la pompeuse cérémonie du couronnement, et l'on en voulait faire une sorte d'esquisse dans la cathédrale où avait été couronné Charlemagne.

L'évêque, à la tête du clergé, vint recevoir l'impératrice à la porte de l'église; elle traversa sous le dais la longue basilique, et vint s'asseoir sur un trône préparé pour elle dans le chœur.

La beauté de ce monument si riche de nobles souvenirs, l'éclat des habits militaires, la parure de cette cour nouvelle, celle de tous les assistants, et plus encore le retour de cette pompe sacerdotale, si longtemps voilée à tous les yeux, donnaient à cette cérémonie l'aspect d'une véritable solennité.

L'impératrice, revêtue pour la première fois du manteau de cour, avait un diadème en diamants ; et l'ensemble de sa parure, la queue de cette robe de moire blanche brodée d'or qui s'étalait sur les degrés du trône, cette taille majestueuse, cette attitude simple et digne, complétaient l'illusion. C'était bien là une souveraine. Et le clergé nombreux, paré des riches chasubles semées de perles fines et données jadis par l'empereur Othon, représentait dignement la cour sainte d'une puissante impératrice.

On avait sorti du trésor une partie des reliques sacrées. Les insignes impériaux et royaux de Charlemagne, sa couronne, son sceptre, étaient là sur l'autel; ils semblaient mis à la disposition de celui qui oserait s'en emparer. Et c'est sous les voûtes de ce temple gothique, où Charlemagne donnait l'accolade à ses vaillants chevaliers, à Roland, à Roger, à Renaud, que les chevaliers de la Légion d'honneur s'inclinaient devant Joséphine, en recevant de ses mains la décoration de l'ordre.

Pendant ce temps, le peuple prosterné chantait dans toutes les règles de l'harmonie les cantiques de Mozart, et l'on ne saurait rendre l'effet de cette réunion de voix pures, naturellement savantes et inhérentes à l'Allemagne; de ce chœur public, dont nul chœur d'opéra ne peut imiter la masse imposante, de cette unité d'intention, de cette ferveur d'âme qui naît du sentiment religieux de toute une population.

Ces voix innombrables recouvrant l'orgue, faisaient trembler les vitraux coloriés de l'antique métropole, et portaient dans l'âme des assistants une fièvre pieuse. Les moins dévots étaient entraînés dans ce torrent d'harmonie, et leurs prières se mêlaient involontairement à la prière générale. On rendait grâce aussi à ce grand fondateur de royaumes et de lois d'avoir aussi fondé en France la musique d'église (1). On comprenait enfin que Dieu se plût à entendre chanter ainsi ses louanges.

C'est au milieu de cette noble exaltation que le général L... imagina de prononcer un discours adapté à la circonstance, et dans lequel il se félicitait, disait-il, de voir la vertu sur le trône, et *la beauté à côté*.

Cette singulière éloquence offensait également les *vertus* et les *beautés* qui se trouvaient là ; car chacune d'elles faisait avec raison peu de cas de la beauté

(1) Le chant de l'église attira de Charlemagne une attention particulière; l'office divin entrait pour beaucoup dans les solennités, je dirai presque dans les plaisirs de la cour. On y assistait le jour; on ne s'en dispensait pas la nuit. Le roi décida que le chant grégorien serait préféré dans tout le royaume. On établit des écoles dans les cathédrales. On s'envoyait réciproquement des orgues bénis qui enseignaient par mémoire; car la note n'était pas encore inventée; ce fut l'origine de la musique d'église.

(ANQUETIL, *Histoire de France*, t. I, page 266.)

sans vertu, et encore moins peut-être de la vertu sans beauté.

Le même soir, dans son salon, l'impératrice plaisanta doucement sur la noble part que lui avait faite le général L... ; puis elle me demanda ce que je pensais de ce discours. La question était embarrassante, car je ne voulais déplaire ni au général ni à l'impératrice, et je m'en tirai platement en répondant que, distraite par le pompeux spectacle de la cérémonie, et très-persuadée que le général orateur ne pouvait adresser à Sa Majesté que des vérités agréables, je n'avais pas pensé à l'écouter.

— Ce qui ne vous empêchera pas d'en rire de bon cœur ce soir avec vos amis, me dit tout bas l'impératrice. Puis, voyant mon étonnement, elle ajouta : Je sais par M. Deschamps que vous avez chez vous de charmants soupers, où l'on rit comme on riait autrefois ; que Duval et Picard y sont aussi amusants que dans leurs comédies, et qu'il s'y raconte des histoires les plus divertissantes. Vous devriez bien m'en dire quelques-unes ; car vous saurez que rien n'amuse plus l'empereur que ces petits commérages. Quand nous allons au spectacle, son regard d'aigle découvre en une minute les nouvelles relations qui se sont fondées pendant son absence ; il veut savoir les ruptures, les raccommodements, et s'intéresse plus qu'on ne le croirait à tous ces petits drames de société. Par exemple, il y a de certaines personnes dont il suit la vie avec toute la persévérance qu'on met à poursuivre la lecture d'un roman qui intéresse. Vous devinez de qui je veux parler, n'est-ce pas ?

— Je le crois, madame.

— La voyez-vous toujours ?

— Le plus souvent qu'il m'est possible ; Votre Majesté sait mieux que personne combien elle est aimable et bonne.

— Ah ! oui, je le sais, reprit Joséphine en soupirant : je sais combien son amitié est douce. Vous avez été élevées ensemble, je crois, vous devez l'aimer ?

— Oui, madame. Dans le temps de sa puissance, je lui ai dû la liberté et la vie peut-être de plusieurs de mes amis ; aussi lui serai-je éternellement attachée.

— Et moi aussi je l'aime toujours ; mais Bonaparte ne veut plus que je la voie, et cela me désole.

Alors, s'apercevant qu'on remarquait notre entretien :

— J'ai une commission à vous donner, ajouta Joséphine ; venez me voir un matin.

— J'attendrai vos ordres.

— Non, faites-moi demander une audience par M. d'Harville, nous causerons plus à loisir.

Et la conversation redevint ce qu'elle était auparavant, c'est-à-dire une sorte de monologue entrecoupé de questions insignifiantes, qui avait pour unique but d'adresser la parole à presque toutes les personnes composant le cercle. Les plus exercées à ce manége de politesse y plaçaient quelquefois des mots gracieux, d'heureuses flatteries. Madame de Sémonville était une des plus ingénieuses en ce genre ; aussi jouissait-elle d'une grande faveur dans le salon de l'impératrice. D'abord elle avait l'avantage d'avoir vu celui de Marie-Antoinette, elle savait comment on peut allier la grâce d'une conversation facile au respect imposé par le rang, et Joséphine causait avec elle en toute sécurité ; elle était certaine que son élévation, toute récente qu'elle fût, ne serait pas un instant oubliée par madame de Sémonville. D'ailleurs, le culte d'une femme aussi spirituelle pour les convenances et les déférences de cour, était le meilleur modèle à offrir aux jeunes dames du palais et aux courtisans dont l'inexpérience amenait chaque jour tant de bévues.

Pendant ce temps, M. de Sémonville, notre ambassadeur en Hollande, était en pleine disgrâce, et cela très-injustement, pour avoir obéi à des ordres que l'empereur, dans sa politique, voulait paraître désapprouver. M. de Sémonville, fort de son innocence, restait à Aix-la-Chapelle, bien plus occupé de soigner la santé de sa belle-fille que de ses propres intérêts. Il venait souvent me confier ses inquiétudes, ses tristes pressentiments; et je lui dois la justice de dire que nul regret, nul désir ambitieux ne venait distraire ce chagrin paternel. Eh bien, cette douleur sincère et touchante passait, dans le monde, pour l'accablement d'un ministre disgracié; cette incrédulité pour les bons sentiments est ce qui autorise le plus à mal penser des gens de cour, et je la hais surtout, parce qu'elle alimente ce flot de lieux communs contre les courtisans, dont on nous abreuve depuis tant de siècles.

J'obtins sans délai l'audience offerte, et là je retrouvai madame de Beauharnais, dans toute sa simplicité et sa bienveillance pour ses anciennes connaissances.

Elle me parla des querelles qu'elle avait souvent avec l'empereur à propos de son amie madame de C**, et me dit qu'il ne lui pardonnait pas surtout d'avoir dédaigné le grand rôle qu'elle était appelée à remplir après avoir délivré la France de Robespierre.

— Cela peut être un regret, dis-je, mais ce n'est pas un grief.

— Si, reprit-elle, Bonaparte en veut à tous ceux qui manquent leur destinée.

— J'avoue qu'il a le droit de les regarder en pitié; mais de les haïr, c'est injuste...

— Et ingrat même, interrompit Joséphine; car il sait que Thérésia nous a servis avec puissance et avec zèle, lorsqu'il a été question de lui faire donner le commandement de l'armée d'Italie. Je ne lui ai pas caché les secours de tous genres que j'ai dus à cette excellente amie quand je suis sortie de prison, veuve, ruinée, et ne sachant quel sort attendait mes enfants. Croyez qu'il faut une raison bien forte pour combattre ces souvenirs dans l'âme de Bonaparte; car il est plus reconnaissant, plus sensible qu'on ne le croit; j'en suis moi-même une preuve ; on a fait assez de choses pour l'aliéner contre moi, on en fait tous les jours pour l'engager à une séparation qui me tuerait. Eh bien, le souvenir de mon attachement, de ce qu'il croit me devoir, l'a toujours emporté sur les insinuations, les dénonciations perfides de sa famille. Il est vrai que je suis sa superstition, plus que son amour peut-être, et qu'il me croit un des rayons de son étoile.

Alors Joséphine me raconta la prédiction qui lui fut faite au moment de son départ de la Martinique.

— Elle devait perdre son premier mari d'une mort violente, lui avait dit la sorcière; le second devait la faire plus que grande la reine.

Cet oracle, dont la moitié était déjà accomplie lorsqu'elle connut Bonaparte, elle avait la certitude qu'il était entré pour beaucoup dans la promptitude et la confiance avec lesquelles il s'était fait élire empereur des Français.

— Il est tout aussi superstitieux que moi, ajouta-t-elle ; par exemple, il est si persuadé que je lui porte bonheur, que, pour rien au monde, il ne partirait pour l'armée sans m'avoir embrassée. Il me gronde beaucoup, il est vrai, quand sa maudite police lui apprend que j'ai vu mademoiselle Lenormand ; mais tout en la traitant de menteuse, tout en menaçant de la faire renfermer, si elle spécule plus longtemps sur notre crédulité stupide, il ne manque pas de me faire répéter ce qu'elle a vu dans ses cartes ; et il sourit toujours avec complaisance, quand elle a prédit pour lui de nouveaux triomphes.

Puis l'impératrice me parla de Méhul, de Ducis, de Népomucène Lemercier, de plusieurs autres anciens habitués de la Malmaison, qui tous s'étaient retirés au moment où les chambellans allaient changer en antichambre le salon qui précédait ce fameux cabinet où s'étaient médités tant de faits mémorables.

— Ducis et Lemercier, continua Joséphine, viennent de renvoyer à l'empereur la croix de la Légion d'honneur : il regarde ce renvoi comme une grande insulte ; mais ce qui explique le plus sa colère, c'est l'adieu de M. Lemercier, qui lui a dit à sa dernière visite :

» — Ah ! vous vous amusez à refaire le lit des Bourbons ? eh bien, je vous prédis que vous n'y coucherez pas dix ans (1).

» Bien que cette prédiction ne lui fasse aucune peine, ajouta Joséphine, vous comprenez bien qu'il en garde rancune. C'est ainsi que je suis privée de voir les amis que je préférais. Vous qui jouissez tous les jours du plaisir de les recevoir, d'entendre leur conversation si spirituelle, dites-leur que je les regrette, au milieu de toutes les pompes, de tous les plaisirs dont je suis étourdie ; mais dites-leur cela bien bas ; car l'on me ferait un crime de l'intérêt que je leur conserve. Ce n'est pas tout, ajouta-t-elle en regardant, comme dans les comédies, si personne ne nous écoutait ; il faut que vous engagiez Thérésia à rompre ses rapports d'amitié avec M. O... Bonaparte le croit un de ses plus grands ennemis ; c'est là, à vous dire vrai, l'unique cause de son animosité contre elle. Tâchez d'obtenir ce sacrifice, et je suis sûre qu'il lui rendra son ancienne affection et me permettra de la revoir comme autrefois.

(1) Il y a couché neuf ans et neuf mois.

La commission était pénible, et d'ailleurs je n'en attendais aucun succès. La femme qui avait bravé l'échafaud pour ses amis n'en pouvait immoler aucun à la haine, ou plutôt aux préventions injustes de l'empereur; j'en fis la réflexion tout haut.

— N'importe, reprit Joséphine, promettez-moi de l'engager à suivre mon conseil. Mon Dieu! on n'a pas toujours une si bonne raison pour...

Elle n'acheva pas, et sa restriction me fit sourire. Je promis de faire ce qu'elle me demandait avec tant de grâce, et j'allais prendre congé d'elle, lorsqu'elle me retint pour parler *chiffons*.

Madame de Saint-Hilaire, sa première femme de chambre, fut appelée pour me montrer la dernière parure envoyée par Leroi (1). Elle était en tulle couleur de rose, garnie de fleurs, et aurait parfaitement convenu à une mariée de seize ans, pour son lendemain de noces. Tout en vantant l'extrême élégance de cette robe, je pensais qu'elle ferait paraître l'impératrice plus vieille qu'elle ne l'était. Je me trompais : elle allait si bien à sa taille

(1) Fameux modiste et tailleur de la cour.

qu'on lui pardonnait de ne plus aller à son visage.

— Qui vous a coiffée hier? me dit-elle ; vous aviez un turban drapé à merveille.

— Ah! mon Dieu! m'écriai-je en riant, Votre Majesté va encore sévir contre celui-là?

Et je lui avouai que ce turban qu'elle avait remarqué était l'œuvre de son second valet de chambre.

— Quoi! ce jeune Herbault fait de si jolies choses? Il faut que j'emploie son talent.

Il y avait tout une fortune dans ce mot-là.

Puis passant de ce sujet à un autre :

— Dites donc à votre ami Picard de varier un peu plus son répertoire. Ce sont toujours les mêmes plaisanteries, les mêmes ridicules bourgeois; il a bien assez d'esprit pour aborder la haute comédie. Ne trouvez-vous pas que ses continuelles satires contre les parvenus sont passées de mode?

— Je crois qu'il donne demain une pièce nouvelle, répondis-je, car on devient Normand à la cour.

— En savez-vous le titre?

J'allais le dire... quand un instinct femelle m'arrêta tout à coup.

— C'est un titre singulier, répondis-je en feignant

de chercher à me le rappeler... mais je ne m'en souvions plus.

Le fait est que, cette pièce ayant pour titre *la Femme aux quarante-cinq ans*, j'avais le pressentiment qu'il serait désagréable à l'impératrice et pourrait lui donner des préventions contre l'ouvrage.

Malheureusement, cette petite comédie n'était pas de nature à vaincre ces préventions. Je n'ai jamais compris comment Picard, avec tout son esprit, avait imaginé d'amuser l'impératrice par la peinture tristement fidèle d'une femme presque vieille, qui se débat à coups de parure contre les outrages du temps.

J'étais au supplice pendant cette représentation. Ma loge était peu éloignée de celle de l'impératrice ; je voyais son visage se contracter à chaque plaisanterie dirigée contre les ridicules de la femme aux quarante-cinq ans, et je cherchais les moyens d'éviter toute conversation à ce sujet, lorsque M. de B..., chambellan de l'impératrice, vint m'inviter de sa part à me rendre dans son salon au sortir du spectacle.

Je ne pouvais donc échapper aux critiques et même aux accusations détournées dont on allait accabler le pauvre auteur. Il était impossible de le justifier, et presque lâche de l'abandonner; mon rôle devenait difficile.

A peine avais-je fait mes révérences, que l'impératrice me dit avec un sourire tant soit peu amer :

— Eh bien, madame G..., comment trouvez-vous la pièce nouvelle? Moi, je ne saurais la juger. On devrait conseiller à Picard de ne la jouer que devant des femmes de vingt-cinq ans.

— Il me semble, madame, qu'il y pourrait comprendre celles qui ne paraissent pas en avoir davantage.

Cette flatterie assez mal tournée me valut un regard affectueux.

Les courtisans tombèrent de toute la lourdeur de leur esprit sur celui de Picard. L'erreur d'un homme de talent est la *curée* de la meute des gens médiocres; il faut les laisser déchirer leur proie.

Dans cette circonstance, Picard avait fait preuve au moins de maladresse. L'impératrice voulut l'en punir, en offrant à son rival, M. Alexandre Duval, une occasion d'être applaudi chez elle. J'avais invité M. Deschamps à la lecture que Duval devait nous faire de la pièce qu'il venait d'achever. C'était le *Tyran domestique*.

A cette époque, l'apparition d'un ouvrage en cinq actes, de l'auteur d'*Edouard en Ecosse*, était un événement dramatique. Deschamps en avait parlé à la cour, et l'impératrice me dit :

— M. Duval a, dit-on, ici un ouvrage en portefeuille ; je serais charmée de l'entendre. Vous l'a-t-il déjà lu?

— Non, madame.

— N'importe, on peut s'exposer sans crainte à une lecture de lui ; on est bien sûr qu'elle sera intéressante ; je désirerais qu'il la fît ici.

Et M. Deschamps fut chargé d'inviter M. Duval à soumettre sa comédie à ce pompeux aréopage.

— Y pense-t-on, s'écria-t-il, après ce qui s'est passé pour *Edouard en Ecosse?* Veut-on me tendre encore un piége, et confisquer cet ouvrage-là avec l'autre ?

L'inquiétude pouvait être fondée, et je ne savais comment la dissiper, lorsque M. Deschamps vint assurer Duval que l'impératrice avait toujours plaidé sa cause contre l'empereur, et que c'était pour lui donner une preuve de sa bienveillance qu'elle lui demandait cette lecture.

Duval ne pouvait résister au désir de celle qu'il appelait l'aimable, la bonne Joséphine ; le jour désigné, je fus chargé d'amener l'auteur au milieu de cette cour novice, dont il venait chercher encore plus les ridicules que les applaudissements.

Ce fut une véritable fête en espoir que cette soirée dramatique, pour les pauvres hommes condamnés à rester debout chaque jour, tant que durait le cercle de l'impératrice, et particulièrement pour le général d'Harleville, atteint d'une maladie qui avait considérablement diminué ses forces et enflé ses jambes ; il fallait tout l'héroïsme du courtisan pour résister à ses souffrances et pour se soutenir sur de tels appuis. En vérité, la gloire et la religion n'inspirent pas de plus grands dévouements que le culte de l'étiquette dans les âmes nées pour s'y consacrer. C'est dommage que le fouet de la satire soit la seule palme de ce martyre à la fois atroce et comique.

Chaque jour un courrier, expédié de Boulogne, apportait à Joséphine des nouvelles de l'empereur, et le soir elle communiquait parfois aux gens de sa cour quelques passages des lettres impériales, et leur faisait part des événements dont l'empereur lui arrangeait le récit, non pas toujours comme ils s'étaient passés, mais comme il désirait qu'on les racontât.

J'eus la preuve d'une de ces altérations frappantes, un soir qu'elle nous parla de l'affreuse tempête qui avait mis en péril toute notre flottille.

J'avais eu à dîner chez moi, le même jour, un ami intime de l'amiral Bruix, lequel avait reçu aussi, par un courrier du commerce, une relation de cette tempête et du désastre qui s'en était suivi. La lettre était écrite par un officier de marine, à peine connu de l'amiral; mais qui, étant fort lié avec l'ami de M. Bruix, désirait qu'il sût la vérité sur ce qui avait causé la disgrâce de celui qui commandait notre armée navale de l'Océan.

Voici le passage important de cette lettre :

« On vous dira, on imprimera que votre ami a eu tort : cela n'est pas vrai ; et dussé-je y perdre mon nom et mon grade, je le répéterai : cela n'est pas vrai.

» L'autre matin, en montant à cheval, l'empereur annonce qu'il passera en revue l'armée navale ; il ordonne de faire quitter leur position aux bâtiments qui forment la ligne d'embossage, voulant, dit-il, passer la revue en pleine mer. Puis il va, suivi de Roustan, faire sa promenade habituelle, en recommandant que tout soit prêt pour son retour.

» L'ordre est transmis aussitôt à l'amiral Bruix, qui répond tout simplement : « La revue n'aura pas lieu aujourd'hui. Ainsi que nul ne bouge. »

» Bientôt l'empereur arrive sur le port ; il demande si tout est prêt ; on lui communique la réponse de l'amiral. Il se la fait répéter deux fois ; il frappe du pied ; la colère se peint dans ses yeux ; il envoie à l'amiral l'ordre de se rendre sur-le-champ auprès de lui. Mais son impatience ne lui permet pas de l'attendre.

» Il marche au-devant de lui, et le rencontre à moitié chemin de sa barraque. L'état-major qui suivait Sa Majesté s'arrête, se range en cercle derrière elle et garde un silence craintif ; car jamais l'empereur n'avait paru si profondément courroucé.

» — Monsieur l'amiral, dit-il d'une voix altérée, pourquoi n'avez-vous point fait exécuter mes ordres ?

» — Sire, répond l'amiral Bruix avec respect et

fermeté, une horrible tempête se prépare. Votre Majesté peut le voir comme moi : veut-elle donc exposer la vie de tant de braves gens?

» — Monsieur, reprend l'empereur de plus en plus irrité, j'ai donné des ordres, encore une fois, pourquoi ne les avez-vous point fait exécuter? Les conséquences me regardent seul ; obéissez !

» — Sire, je n'obéirai point.

» — Monsieur, vous êtes un insolent.

» A ces mots, l'empereur, qui tenait sa cravache levée, s'avance vers l'amiral; celui-ci recule d'un pas, porte la main sur son épée, et dit en pâlissant :

» — Sire, prenez garde !

» Tous les témoins sont glacés d'effroi. L'empereur, immobile, la main levée, attachait ses yeux sur l'amiral, qui de son côté conservait sa terrible attitude. Enfin l'empereur jette sa cravache à terre; alors M. Bruix lâche le pommeau de son épée, et, la tête découverte, il attend en silence le résultat de cette scène.

» — Monsieur le contre-amiral Magon, dit l'empereur, vous ferez exécuter à l'instant les mouvements que j'ai ordonnés. Quant à vous, monsieur, a-t-il ajouté en s'adressant à Bruix, vous quitterez Boulogne dans les vingt-quatre heures, et vous vous retirerez en Hollande.

» L'empereur s'est éloigné pour voir le mouvement que faisait faire à sa flotte le contre-amiral Magon. Mais à peine les premières dispositions sont-elles prises, en raison des ordres de l'empereur, que le ciel se couvre de nuages noirs, que le tonnerre gronde et que le vent rompt toutes les lignes. Enfin ce qu'avait prédit l'amiral arrive. Une affreuse tempête disperse les bâtiments et menace de les engloutir.

» L'empereur, l'air sombre, la tête baissée, les bras croisés, se promenait à grands pas sur la plage, quand tout à coup des cris terribles se font entendre. Plus de vingt chaloupes canonnières venaient d'être jetées à la côte ; les malheureux qui les montaient luttaient contre les vagues en criant au secours. Mais ce secours, le danger était tel que personne n'osait le leur porter.

» J'avais la rage dans le cœur, et je maudissais de toute mon âme celui dont l'obstination causait ce désastre, lorsque je le vis s'échapper des bras qui voulaient le retenir, et s'élancer dans une barque de sauvetage, en s'écriant : Laissez-moi ! laissez-moi ! il faut qu'on les tire de là.

» Et déjà sa barque se remplissait d'eau ; les vagues passaient par-dessus sa tête ; une plus forte que les autres faillit renverser l'empereur par-dessus le bord, son chapeau tombe à la mer. Électrisés par tant de courage, officiers, soldats, marins, bourgeois, se jettent à la nage ou dans des chaloupes, pour essayer de porter du secours ; mais on n'a pu sauver qu'un petit nombre des malheureux qui composaient l'équipage des canonnières, et le lendemain la mer avait rejeté sur le rivage plus de deux cents cadavres avec le chapeau du vainqueur de Marengo (1).

» Cet affreux lendemain a été un jour de désolation pour tout le camp ; chacun reconnaissait un ami parmi les corps amoncelés par les vagues. L'empereur semblait atterré par ce spectacle, et je pense

(1) Ce récit se trouve aussi dans plusieurs mémoires de l'époque, et particulièrement dans ceux de Constant ; il cite un tambour qui faisait partie de l'équipage des chaloupes naufragées et qu'on a vu revenir sur sa caisse comme sur un radeau. Le pauvre malheureux avait la cuisse cassée. Il était resté plus douze heures dans cette horible position.

qu'intérieurement il déplorait son injustice envers l'amiral ; mais il n'en est pas moins vrai qu'on reproche ici à Bruix d'avoir poussé à bout l'empereur par ses réponses, et de l'avoir porté par sa résistance laconique à donner l'ordre désastreux que plus de complaisance aurait pu faire rétracter. Mais ne croyez pas cela : que l'amiral rentre ou non dans les bonnes grâces de l'empereur, Bruix n'est pas coupable, il a fait son devoir. »

J'étais encore tout émue de ce récit, qu'on m'avait fait deux heures auparavant, lorsque l'impératrice, tenant encore la lettre qu'elle venait de recevoir de l'empereur, nous dit qu'une *imprudence* de l'amiral Bruix avait failli être funeste à la flottille, mais qu'elle avait heureusement bravé la tempête ; et que rien ne pouvait se comparer à la joie des matelots et des soldats, qui se disputaient déjà à qui descendrait les premiers sur la côte de l'Angleterre. L'empereur finissait cette lettre en s'accusant d'avoir ri de tout son cœur en voyant quelques jours auparavant le ministre de la marine tomber à l'eau.

C'était quelque temps après la belle fête où l'empereur, tirant du casque de *Du Guesclin* les croix de la Légion d'honneur, en avait décoré les plus braves de son armée. Pour faire passer Sa Majesté du quai dans une chaloupe canonnière, on avait jeté une simple planche d'un bord à l'autre; l'empereur avait franchi d'un saut le léger pont, mais M. de Crest, peu ingambe et fort replet, après avoir posé un pied timide sur la planche qui fléchissait sous son poids, perdit l'équilibre juste à moitié du trajet; la planche se rompit, et le ministre tomba dans l'eau entre le quai et la chaloupe. Des marins s'étant aussitôt précipités à la mer pour le repêcher, on l'avait à grand peine hissé sur la chaloupe, où l'empereur s'accusait, comme le disait sa lettre, de l'avoir accueilli par des éclats de rire peu charitables.

Cette dernière histoire fut la seule dont on parla pendant la soirée : heureux de pouvoir rire en toute sûreté d'un événement dont l'empereur avait ri lui-même !

Le jour de la lecture étant arrivé, nous trouvâmes le salon de l'impératrice rempli, indépendamment des personnes de sa cour, de tous les buveurs d'eau et des nobles étrangers qu'elle avait jugés dignes d'assister à cette solennité littéraire. Duval reçut l'accueil le plus gracieux de l'impératrice ; ce qui n'était pas une raison pour qu'il fût si bien accueilli de tous ceux qui se trouvaient là ; car chacun savait que son caractère breton et son talent indépendant avaient parfois déplu à l'empereur ; il fallait donc se maintenir entre l'obligation d'approuver la bienveillance de l'impératrice pour M. Duval et la froide réserve que tout bon courtisan doit conserver envers celui qui a déplu un moment et peut encore déplaire au maître.

La pièce avait à vaincre plus d'une préoccupation de cette importance ; c'était la première fois qu'on disposait le cercle pour que tout le monde fût assis, et l'ordre des places n'était pas encore bien arrêté. Celles de la dame d'honneur et des dames du palais étaient naturellement près de la souveraine ; mais, comme elle les voyait toute la journée, elle préférait chercher une conversation nouvelle auprès des invités ; ce qui lui faisait quelquefois rapprocher d'elle des gens qui avaient peu de titres à cette faveur. Cela mettait au supplice madame de la Rochefoucauld la grande prêtresse de l'étiquette : elle consentait bien à ce que madame de Sémonville, dont le rang, l'esprit, les manières, offraient toutes les conditions requises, fût honorée des préférences de l'impératrice: mais dès qu'une autre en recevait la moindre marque, c'était une révolte générale.

A ce cercle nouveau, disposé avec l'hésitation de l'inexpérience, personne n'était content de sa place, excepté moi, qui n'avais droit à aucune ; je me trouvais assez près de l'impératrice pour qu'elle me communiquât ses remarques sur l'ouvrage sans être entendue de tout le monde.

La préoccupation de l'auditoire avait gagné l'auteur; je le voyais captivé par l'observation de ces petits faits, de ces petits tourments, de ces petites ambitions, au point d'oublier complétement le rôle qu'il allait jouer dans cette pompeuse assemblée. Il savait bien ne devoir être écouté qu'à travers les idées les plus étrangères à son ouvrage, aussi lut-il sa comédie à travers le plan de celle qu'il méditait.

Un geste de l'impératrice l'engage à s'approcher de la table préparée pour la lecture; elle fait un autre signe à M. d'Harville qui invite hommes et femmes à s'asseoir. Le plus profond silence règne dans le salon. Mais si tout le monde se tait, personne n'écoule encore, et le premier acte s'écoule comme un clair ruisseau sur un terrain plat.

Le titre de *tyran*, quoique *tyran domestique*, avait d'abord éveillé quelques défiances : on redoutait un sujet républicain ; mais on se rassura bientôt en pensant que M. Duval avait trop d'esprit et que je n'étais pas assez bête pour risquer tous deux dans ce salon impérial une lecture offensante, et partant fort dangereuse.

A la fin du premier acte, lorsque Charles dit à sa sœur :

> Ah ! mon nouvel état me paraît plein de charmes ;
> J'étais né, je le crois, pour le métier des armes.
> Je vais aujourd'hui même acheter un cheval,
> On doit me procurer le plus bel animal...
> Tu me verras bientôt dans ma nouvelle forme.
> Pourvu qu'on ait bien fait mon habit d'uniforme !

— Voilà justement comme parlait Eugène avant de partir pour l'Italie, dit l'impératrice ; on ne saurait mieux peindre la joie du jeune officier à son premier uniforme.

Et chacun répéta de confiance cet éloge dans les mêmes termes.

Au second acte, les agitations personnelles étant

un peu engourdies, on prit plus d'attention à la pièce; d'ailleurs, il fallait bien paraître occupé de ce qui semblait intéresser au plus haut degré l'impératrice.

— Ah! mon Dieu, me dit-elle tout bas après une tirade de Valmont, c'est tout le caractère de mon premier mari : seulement il était encore plus aimable devant le monde.

On peut juger, d'après ce rapport auquel l'auteur n'avait certainement pas pensé, du succès qu'eut la lecture auprès de Joséphine. Pourtant tout le dramatique de l'ouvrage fut un moment déconcerté par un incident comique fort inattendu.

Le directeur des ponts et chaussées, arrivé le matin même après avoir passé plusieurs nuits en route et près d'une heure à sortir du trou où sa voiture s'était engloutie, M. Crété, bravant les insomnies et les suites de sa chute, avait voulu se rendre à l'invitation de l'impératrice.

Le plus traître hasard lui avait fait échoir un excellent fauteuil, dans lequel ses gros membres moulus se trouvèrent si à leur aise, que toutes les illusions du lit fascinèrent bientôt son cerveau. L'impératrice le vit, aussi bien que moi, s'assoupir de tout le poids de sa fatigue ; mais comme, assis derrière l'auteur, il ne pouvait en être aperçu, elle ne pensa pas à troubler cet innocent repos.

Lorsque, le troisième acte fini, plusieurs voix se joignent à celle de l'impératrice pour complimenter M. Duval, le bruit réveille le directeur. Il voit tout le monde debout, car l'impératrice s'est levée pour parler à l'auteur de la pièce. Confus d'être le seul assis, il veut se lever précipitamment ; mais les beaux cygnes blancs sculptés par Jacob, et qui soutiennent les bras du fauteuil, se sont incrustés pendant son sommeil dans les cuisses du dormeur ; rien ne peut les en séparer, et c'est armé de ce bouclier tenace qu'il vient mêler ses éloges à tous ceux dont on accablait l'auteur.

Il n'y a pas de sérieux qui tienne contre le comique d'une telle situation. En vain l'impératrice s'efforça-t-elle de ne pas voir les efforts du futur ministre (1) pour se débarrasser du fauteuil antique qui

(1) Il obtint, en avril 1806, le gouvernement de la banque de de France, d'où il passa, l'année d'après, au ministère de la marine.

s'attachait à lui comme un solliciteur; en vain les pieds en l'air de ce fauteuil devenaient menaçants pour tous ceux qui se trouvaient derrière, le rire contraint ne sachant sur quoi se porter, on prit le parti d'en charger le rôle du mari ridicule et bon qui est opposé, dans la pièce de Duval, au mari *tyran domestique*, et jamais personnage comique n'excita plus de gaieté.

Enfin le fauteuil quitta sa proie, et rien ne vint plus troubler l'attention que méritait l'ouvrage.

On a beau se tuer le cœur à coups de vanité, il lui reste toujours un peu de sensibilité pour compâtir aux chagrins de famille; et l'idée d'être abandonné des gens qu'ils rendent malheureux est peut-être, après leur ruine, le seul événement qui puisse atteindre les *égoïstes*. Aussi les derniers actes de la pièce eurent-ils beaucoup d'effet. L'impératrice fut visiblement attendrie des peines de madame de Valmont, des larmes de ses enfants, du repentir du *tyran*, et chacun prédit à l'auteur le succès qu'il a obtenu depuis.

La conversation se retrouva un moment ce qu'elle était autrefois à la Malmaison chez madame Bonaparte ; on eût dit que chacun, rendu à ses sentiments naturels par la peinture des tourments communs à tant de familles, oubliait la cour et la retenue exagérée qu'elle impose.

J'ai toujours plaint les rois de l'obligation où ils se sont mis volontairement de ne jamais causer ; car on ne peut appeler une *causerie* ce monologue entremêlé de questions, qui fait la base de toute conversation royale. Les plus spirituels, comme Frédéric II, ont essayé de prendre leur part de ce plaisir, le plus grand, le plus durable des profits de l'esprit ; mais l'intimité et la liberté étant deux indispensables conditions de ce charmant loisir, les rois sont condamnés à n'en voir que de mauvaises parodies. Voltaire lui-même nous apprend qu'en dépit des encouragements et des cajoleries de Frédéric, dans les moments où les soupers de Postdam étaient le plus animés, où les convives y faisaient le plus d'efforts spirituels, la pensée que cet homme qu'ils amusaient pouvait les faire mettre au cachot, si tel était son bon plaisir, ne les quittait jamais, et refroidissait considérablement la verve des convives encyclopédiques.

Aujourd'hui ce n'est plus la peur du cachot qui

gênerait une conversation *semi-royale*; car, il en faut convenir, on n'a jamais été plus libre, surtout en France; mais l'amour des places et de l'argent paralyse encore plus l'esprit que la terreur du pouvoir absolu. Comme les souverains ne parlent ordinairement qu'à ceux qui les approchent de très-près, la crainte de perdre les emplois que ceux-ci possèdent et qu'ils espèrent maintient juste leur conversation à cette nullité servile qui est le classique du genre.

Un prince royal dont le père jouit d'une bonne santé a quelques chances, s'il aime l'esprit, de connaître le charme de cette communication prompte et intime des pensées dont les bons causeurs abondent. On aime à porter ses lumières à celui qui devrait tout voir pour tout secourir : c'est un champ d'espoir où l'on se plaît à semer les idées généreuses. On se flatte qu'en l'associant à toutes les joies de l'intelligence, il prendra en dégoût les grosses flatteries, les bavardages méchants de la médiocrité; on lui forme d'avance une cour d'hommes supérieurs, propres à le guider dans ses choix, à le défendre dans ses périls, à le chanter dans sa gloire.

On s'expose à le contrarier pour lui prouver la sincérité de son zèle, non pas à la manière de ce ministre qui brutalisait l'empereur, et disait en frappant sur la table du conseil comme étant hors de lui : « Il faut bien que vous entendiez la vérité, sire; il faut que vous sachiez enfin que vous êtes le plus grand homme du monde. » Mais on ne craint pas de montrer à un jeune prince qu'on diffère d'opinion avec lui; on peut discuter, plaisanter même; on peut exercer près de lui cette ruse si française de passer par la gaieté pour arriver à la raison; on peut lui apprendre, à des signes certains,

> A connaître le front des perfides humains.

Mais qu'il se dépêche de jouir de cette camaraderie d'esprit, de cette confiance qui lui permet encore de voir les hommes tels qu'ils sont, car le bandeau tient à la couronne : l'une ne sera pas plus tôt sur sa tête que l'autre couvrira ses yeux. N'importe, s'il a profité de son noviciat royal, il lui restera du moins les yeux de la mémoire : ceux-là peuvent encore suffire à conduire un souverain et à l'empêcher de tomber.

Le bruit d'une subite apparition de l'empereur se répandit inopinément. Tout Aix-la-Chapelle fut en émoi. Chacun rechercha, dans ce qu'il avait fait, la réprimande qu'il pouvait craindre ou la grâce qu'il avait droit de demander. Déjà l'arrivée de plusieurs grands personnages, qui précédaient ou accompagnaient toujours l'empereur, ne laissait plus de doute sur sa prochaine entrée.

Elle fut toute militaire : c'était, je crois, le maréchal Mortier qui ouvrait la marche ; le général Mouton le suivait : tous deux faisaient l'admiration du peuple allemand par leur riche taille et leur belle tenue. L'état-major éblouissait ; mais l'empereur parut moins beau à ce peuple qu'il ne se l'était figuré, d'après les rapports physiques et moraux que les érudits du pays s'obstinaient à trouver entre Napoléon et Charlemagne.

D'anciennes relations qui avaient existé avec M. Maret, secrétaire des consuls, et mon mari, et les nouvelles obligations du receveur du département de la Roër envers le secrétaire d'État, nous avaient fait réclamer l'honneur de loger M. Maret pendant son séjour à Aix-la-Chapelle.

Je n'oublierai jamais la bonne grâce qu'il mit à accepter notre invitation, ni les moments charmants qu'il avait la bonté de nous consacrer, sans rien ôter à ceux que réclamaient ses travaux multipliés.

L'empereur, appréciant la lucidité, l'ordonnance, la facilité de la rédaction de M. Maret, ne souffrait pas que nul autre traduisît sa pensée, soit dans *le Moniteur*, soit dans ses correspondances politiques. Certain de sa prudence éclairée, de son esprit raisonnable, de sa parfaite discrétion, il le consultait sur tout et le chargeait aussitôt de l'exécution des projets qu'il venait d'arrêter. Quand on pense à tout ce qui passait dans une journée par la volonté de Napoléon, on s'étonne qu'il ait trouvé dans la même personne l'esprit de la toujours bien comprendre, le talent et le temps de la transcrire. Quatre secrétaires suffisaient à peine à la copie des notes écrites par la main du ministre, et il était de toutes les solennités, de tous les cercles, de tous les spectacles de la cour. Lorsque vers deux heures du matin, après en avoir donné trois ou quatre au travail, il entendait parler encore dans mon salon, nous voyions s'entr'ouvrir la porte de son cabinet, et il nous demandait s'il n'était pas trop tard pour qu'il vînt causer avec nous.

Il me surprenait alors au milieu de ce qu'il appelait mon état-major. C'était un cercle de bons rieurs, de causeurs spirituels, d'artistes, où les aides de camp étaient en majorité; un de ceux de Bernadotte, le colonel Gérard, y faisait la bouillotte avec d'autres maréchaux en herbe comme lui, tous déjà distingués par plusieurs faits d'armes, et promettant à la gloire autant qu'elle a fait pour eux.

La manière dont on jouait alors était particulière à cette époque. L'or, qui régit aujourd'hui le monde, venait d'être en France le motif d'une révolte sanguinaire contre ceux qui en possédaient ; la guillotine l'avait discrédité. La guerre, qui en rapportait beaucoup sans laisser quelquefois le temps d'en jouir, n'inspirait nul désir de thésauriser; aussi le risquait-on avec un désintéressement, une noblesse qu'on regarderait en ce moment comme un acte de folie. Mais que cette folie avait bonne grâce! qu'elle différait du sang-froid hypocrite ou de la sincérité de cette mauvaise humeur de notre jeunesse joueuse! C'est qu'alors le jeu était un plaisir, une passion, et non pas une affaire.

On riait en jouant, on interrompait la partie pour le moindre récit amusant : témoin celui que nous fit

Picard, ce soir-là, d'une mystification faite à son jeune premier, et qui le plongeait, lui directeur, dans un embarras comique.

On disait que l'acteur Clozel était fort beau et fort amateur d'aventures galantes. Ayant été bien accueilli dans une maison d'Aix-la-Chapelle, il s'était empressé de faire sa cour à la maîtresse de cette maison, sans s'apercevoir de la jalousie qu'en éprouvait un ami de la dame. Un rendez-vous donné pour le lendemain dans le bois d'Aix-la-Chapelle ayant achevé de tourner la tête du pauvre jaloux, il avait résolu d'empêcher Clozel d'être de la promenade et de profiter du rendez-vous.

Son moyen était violent, il est vrai, mais immanquable; les reproches, il en connaissait l'inutilité; les menaces, on s'en serait moqué; le duel était compromettant, il préféra avoir recours à la pharmacie.

Deux grains d'émétique, ordonnés par son médecin pour une fausse indisposition, suffirent à sa vengeance.

En sa qualité d'ami de la maison, c'était lui qui faisait le thé et distribuait les tasses aux différentes tables de jeux qui remplissent d'ordinaire un salon de province.

A peine Clozel avait-il bu la tasse offerte avec tant de politesse par son rival, que, se sentant trop mal à son aise pour continuer sa partie, il céda son jeu à un autre, ce qui excita les rires étouffés de quelques mauvais plaisants confidents de la mystification. Deux heures après, un domestique vint dire à la maîtresse de la maison que M. Clozel ne pourrait être de la promenade projetée pour le lendemain au point du jour, parce qu'il était gravement malade.

A cette nouvelle, Picard très-alarmé se lève pour se rendre aussitôt chez son jeune premier. Les rieurs, voulant calmer son inquiétude, lui apprennent la cause de l'indisposition momentanée du beau Clozel, sans même lui en demander le secret, tant ces messieurs auraient été charmés de répondre à la colère du mystifié. Picard se fâche et rit à la fois, car ses souvenirs d'écolier et de clerc de procureur le rendent malgré lui trop indulgent pour les mauvais tours joués aux présomptueux.

Cependant, quoiqu'il fût minuit, il court chez Clozel et le trouve dans l'abattement qui suit une crise d'estomac ; du reste, fort bien, mais dans une inquiétude sur lui-même que rien ne peut calmer. En vain Picard donne à cette indisposition les causes les plus probables, n'osant dire la vraie, Closel s'obstine à se croire à la mort. Il refuse positivement de jouer le soir même ; et c'est la seule représentation où doit assister l'empereur. Que faire? Picard, en nous comptant son désespoir, s'indignait de nos rires.

Je lui conseillai d'aller confier l'histoire à M. Deschamps, pour qu'il en parlât à l'impératrice, laquelle ne manquerait pas d'en amuser l'empereur. Tous les souverains se ressemblent, ajoutai-je, quand le parterre ou l'empereur *a ri, il est désarmé.*

En effet, tout se passa pour le mieux. M. de Rémusat envoya demander des nouvelles de Clozel. Picard lui fit croire que c'était de la part de l'empereur : fier d'une si noble preuve d'intérêt, l'acteur voulut y répondre en jouant mort ou vif, et comme, tout en se croyant à l'agonie, Clozel se portait à merveille, jamais le rôle de Rifflard ne fut mieux joué et ne fit plus rire.

Moi qui veillerais même avec les ennuyeux, si les ennuyeux aimaient à veiller, ce que je n'ai jamais vu, j'étais ravie d'avoir un moment de plus à donner à la conversation de M. Maret; car, indépendamment de l'intérêt qu'avait le moindre mot d'une personne qui passait sa vie dans l'intimité de Napoléon, la causerie de M. Maret était à la fois celle d'un homme du monde et celle d'un homme de lettres. Il avait toujours à raconter quelques petits faits relatifs à l'empereur, qui le montraient comme on aime tant à voir les gens supérieurs dans la simplicité bourgeoise de leur existence. Il nous dit, ce soir-là, comment l'armée d'Italie, riant de voir son chef la commander avec le petit chapeau rapé et tout déformé qui avait été couvert de la poussière de tant de batailles, s'était cotisée pour lui faire l'honneur d'un chapeau neuf, ce qui l'avait flatté et amusé. Il nous parla aussi de lettres inimaginables et burlesques que recevait journellement l'empereur de plusieurs de ses soldats, qui lui confiaient comme à un père leurs affaires de famille. Une, entre autres, disait :

« Votre Majesté est trop juste et connaît trop bien mon oncle Eustache pour croire qu'il me donnera jamais un sou du bien de ma mère, à moins que je n'aille au pays lui parler de la bonne encre. C'est pourquoi il me faut un petit congé. » Un autre lui contait avec la même assurance ses chagrins amoureux. Il y avait quelque chose de la simplicité antique des combattants d'Homère dans cet épanchement naïf du soldat envers son chef. C'était la preuve qu'il lui supposait, comme à la Providence, le regard divin qui pénètre dans la cabane du pauvre comme dans le palais des rois, cette puissance qui s'intéresse aux peines des plus petits comme aux larmes des plus grands, et la connaissance entière de tous les êtres et de leurs pensées les plus secrètes. Rien ne donne une idée plus parfaite de la gloire de l'empereur, que ces exemples d'un culte sincère où se retrouvent les plus grands bienfaits du culte sacré : la confiance, l'espoir et la prière.

M. Maret nous dit que lorsqu'un heureux hasard laissait à l'empereur quelque instant de loisir pour lire une de ces lettres, il était rare que la réponse n'en fût pas favorable. Espérons que tant de détails intéressants, tant de secrets intimes ou politiques, encore vivants dans le souvenir de M. le duc de Bassano, ne seront pas perdus pour la prospérité, et qu'il nous laissera un tableau fidèle des grands et petits événements dont il a été confident, acteur ou témoin.

Après avoir donné audience à toutes les autorités du département et aux ambassadeurs qui n'avaient pas encore été accrédités depuis que le premier consul s'était fait empereur, Napoléon se rendit, suivi de toute la cour et de quelques personnes de la ville, à la cathédrale d'Aix-la-Chapelle. Il devait y voir les saintes reliques envoyées en présent à Charlemagne par l'impératrice Irène.

Ces reliques, que l'on montre tous les sept ans au peuple, se composent d'une chemise de la vierge Marie, d'une lange de l'enfant Jésus, des os de saint Étienne, d'un bras de saint Charlemagne, etc., etc.

Ce bras fixait particulièrement l'attention de l'empereur.

Il appela le docteur Corvisart, qui était à sa suite, pour lui demander à quelle partie de ce bras formidable appartenait ce grand os conservé sous verre depuis tant d'années.

A cette question, Corvisart sourit et garde le silence; mais, interrogé de nouveau, il répond à voix basse que cet os est un *tibia*, qu'il appartenait peut-être à la jambe de Charlemagne, mais qu'il n'a jamais fait partie d'aucun bras.

— Eh bien, gardez cette découverte pour vous, dit l'empereur, il faut respecter tous les prestiges.

Mais la remarque anatomique du docteur avait été entendue par quelques voisins qui me l'ont répétée.

La porte de l'armoire de fer qui contient ces reliques est murée; on ne démolit ce rempart dans l'intervalle de sept ans de réclusion, qu'en faveur des têtes couronnées. Cela devenait un hommage doublement flatteur pour la puissance personnelle et le nouveau titre de Napoléon.

Parmi ces reliques se trouvait un petit coffret en vermeil, qui excita la curiosité de l'impératrice. L'évêque lui dit qu'une ancienne tradition attachait un grand bonheur d'ouvrir ce coffret, mais que personne jusqu'alors n'avait pu y parvenir. On n'y voyait ni serrure ni charnière.

L'impératrice eut à peine le coffret dans les mains qu'il s'ouvrit aussitôt; à l'air qu'elle prit en opérant ce miracle, on vit bien qu'elle en faisait honneur aux prêtres gardiens des reliques et pas du tout à sa prédestination. L'empereur sourit de cette flatterie sacerdotale en homme qui est décidé à les accueillir toutes, sans les apprécier plus qu'elles ne valent.

Il se montra moins indulgent pour l'hommage d'un camée antique tenant à une des châsses du trésor. Ce camée ayant été à bon droit fort admiré par Joséphine, le clergé d'Aix-la-Chapelle crut devoir lui en faire offrande; mais l'empereur lui défendit d'accepter, action tout impériale qui fut médiocrement approuvée par Joséphine.

En sortant du trésor sacré, l'empereur descendit au tombeau de Charlemagne. Il s'assit sur le fauteuil en pierre brute sur lequel s'asseyaient tous les empereurs d'Allemagne lorsqu'ils se faisaient couronner à Aix-la-Chapelle.

Les chroniques disent que ce fauteuil a été tiré du tombeau de Charlemagne par l'ordre d'Othon III. Lorsqu'il fit ouvrir la tombe impériale, on trouva le corps du plus grand de nos rois revêtu moitié des ornements d'un chrétien pénitent, moitié de ceux d'un empereur et d'un roi de France. Othon fit retirer ceux que le temps et l'humidité avaient respectés, puis la couronne et le cimeterre. Le cadavre de l'*empereur-roi* était encore assis sur le même fauteuil où il avait été couronné; il semblait que son orgueil ne lui permît pas même de s'incliner sous la mort ; que le repos, le lit du sépulcre, n'étaient pas faits pour lui. Othon porta le dernier coup à cet orgueil posthume en dépouillant les restes de Charlemagne des attributs d'un conquérant et d'un saint, et en les déposant dans un cercueil, où ils sont, depuis mille ans, l'objet de la vénération des héros, des législateurs et des ambitieux.

Les événements survenus depuis peuvent faire supposer les pensées qui agitaient Napoléon sur ce fauteuil, près de ce squelette qui avait régné par ses armes, par ses lois, sur la moitié du monde.

Pâle, les yeux brillants de tous les feux de la gloire, on eût dit que Napoléon lisait ses destins sur les débris funèbres de ce colosse de puissance, et je n'ai jamais douté que l'impression de ce moment n'ait eu beaucoup d'influence sur le reste de sa glorieuse vie.

Jusque là, il était monté au hasard, sans s'inquiéter du rang qu'il choisissait, pourvu qu'il fût au-dessus de tous les autres. Là seulement, du chaos de son ambition, venaient de sortir le monde et le trône qu'il rêvait; là seulement il venait de trouver son modèle et son but; mais le torrent de gloire qui l'entraînait vers ce but devait l'engloutir avant qu'il eût pu l'atteindre.

L'aspect de ce qui reste du palais de Charlemagne n'ajouta rien à l'impression produite par sa tombe. L'empereur n'en fut distrait que par la remarque d'un des érudits de sa suite, qui rappela l'inscription latine qu'on lisait sur la porte de ce palais avant qu'il fût saccagé par les Normands.

Cette inscription constate que Charlemagne avait fait d'Aix-la-Chapelle le siége de l'empire d'Occident (1).

Et l'empire d'Occident pouvait renaître encore!...

Tout concourait à nourrir ces projets gigantesques. Dans le grand conseil où l'empereur d'Allemagne avait résolu, le 10 août précédent, de prendre le titre d'empereur héréditaire d'Autriche, ce prince s'était décidé également à reconnaître l'avénement de Napoléon. Lors de la notification de cet avénement aux cours étrangères, l'Autriche avait consulté la

(1) *Hic sedes regni trans Alpes habeatur*
Caput omnium civitatum et provinciarum Galliæ.

Russie sans en obtenir de réponse. Plus voisine de la France, elle sentit avec raison que son silence sur une pareille communication équivaudrait à une rupture ; et comme elle ne se trouvait pas en état de se déclarer, le comte de Cobentzel, son ambassadeur, reçut l'ordre d'aller à Aix-la-Chapelle remettre ses nouvelles lettres de créances à Napoléon. Le même jour, M. de Talleyrand présentait au nouvel empereur le comte de Lima et M. de Souza, l'un ambassadeur extraordinaire, l'autre envoyé extraordinaire du prince régent de Portugal ; le bailli de Ferette, ministre de l'ordre de Malte, et le marquis de Gallo, ambassadeur de la cour de Naples (1).

Ainsi ce salon de l'impérataice, cette cour à demi formée, dont l'aristocratie hésitante avait excité tant de moqueries, était devenue tout à coup imposante. L'appareil militaire qui en faisait l'éclat éblouissait les yeux. On y admirait cet état-major de grands généraux à la tenue riche et noble, qui remplaçait avec avantage la troupe des petits-maîtres en habits brodés de l'ancienne cour, et l'aspect des ambassadeurs

(1) *Histoire de Napoléon*, tome II, par M. de Norvins.

de presque tous les souverains de l'Europe qui venaient, en attendant leurs maîtres, déposer leurs hommages aux pieds du vainqueur de Marengo. Enfin le prestige attaché à une puissance morte avec Louis XIV et ressuscitée par la gloire se faisait tellement sentir, qu'il n'y avait plus moyen d'en plaisanter.

D'ailleurs chacun des agréments, des préjugés et même des défauts de l'ancien régime y avait son représentant. L'esprit, l'insouciance, les bons mots, les dédains, la grâce, toute la coquetterie de la diplomatie y étaient ramenés par M. de Talleyrand. Le jeune Auguste de Colbert, si beau, si froidement courageux, y représentait l'élégante bravoure des colonels de Fontenoy ; madame de la Rochefoucauld y faisait l'effet d'une duchesse conservée. Son fauteuil avait un faux air de tabouret qui ne laissait rien à désirer aux amateurs des vieux priviléges de la cour. M. d'Aubusson de la Feuillade y représentait, dans son habit de chambellan, le vrai gentilhomme de la chambre. Le chevalier d'Harville y rappelait ce seigneur qui se baignait avec un cordon bleu en fer blanc peint à l'huile pour ne pas se détacher un instant des signes de sa grandeur.

Les femmes, pour la plupart jeunes, belles et parées, s'y tenaient, il est vrai, dans une attitude plus roide que celle des grandes dames qu'on voyait autrefois au jeu de la reine. C'était peut-être qu'à la cour de Louis XIV, et même à celle de Louis XV, les femmes ne pensaient qu'à s'attirer un mot gracieux du roi, et que celles de la cour de Napoléon étaient souvent préoccupées à en éviter un sévère de sa part. On doit lui pardonner ces marques d'humeur, car elles étaient presque toujours motivées. Par exemple, les Anglais nous faisaient alors tout le mal possible. L'empereur ne pouvait les atteindre que dans leur commerce. Eh bien, en dépit de ses lois, de sa volonté si forte et de l'intérêt national, il voyait à chaque promenade du matin les dames du palais et l'impératrice elle-même habillées avec toutes les étoffes anglaises qu'il proscrivait; plus il y avait de dangers à en faire la contrebande, plus la mode s'en emparait, tant l'esprit d'opposition l'emporte en France sur tout sentiment patriotique. Nous ruinions sans y penser nos manufactures pour faire la fortune de celles de nos ennemis. L'empereur, indigné de cette coupable insouciance, ne la reprochait pas encore avec assez de sévérité, puisqu'elle résistait à toutes ses réprimandes.

Hélas! il faut croire que nous sommes incorrigibles, puisque le plus grand génie du siècle, celui qui a soumis tant de puissances, réformé tant d'abus, n'a pu triompher de cette *frivolité patricide*.

Les souvenirs de Charlemagne étant le grand intérêt du voyage de l'empereur à Aix-la-Chapelle, il gravit le Louisberg, lieu où venait jadis en pèlerinage, les pieds nus et la tête découverte, le même souverain qui pouvait se parer de tant de riches couronnes. Bonaparte, pressé de se rendre au château de Franckeinberg, près de ce lac où fut jeté l'anneau de Charlemagne, avait descendu la montagne au galop, et ses meilleurs écuyers avaient eu peine à le suivre dans le sentier raboteux et rapide qui a été remplacé par de charmantes allées. Arrivé au pied de la tour gothique d'où sortirent Emma et Éginhard, près de ce pont où l'on ne trouva empreints sur la neige que les pas d'une femme, l'empereur rencontra Joséphine au milieu de toute sa cour. Là, sous les murs de ce château où Charlemagne épiait de sa fenêtre les amours de sa fille, où lui-même se délassait des fatigues de la gloire et de la puissance par le plaisir d'aimer et d'obéir; là, tout à coup, nous vîmes se former au hasard la plus belle décoration d'opéra que puisse imaginer le génie des Ciceri inspiré par les plus brillants souvenirs de notre histoire.

L'empereur, à cheval, parvenu, en dépit d'un escalier rompu, au sommet du rocher qui porte la tour de Franckeinberg, cette tour comblée par le temps, et du haut de laquelle s'échappe un vieux chêne aux branches étendues comme des bras paternels, symbole druidique, qui semble protéger aujourd'hui la ruine comme les ailes de l'aigle impériale protégeaient autrefois le noble castel; les généraux, les aides de camp, les officiers de la garde, dispersés graduellement sur le pont, les remparts et les débris de l'antique château-fort; Roustan le Mameluck, descendu de son coursier arabe, son bras passé dans la bride, le cou tendu, le regard fixé sur son maître, épiant la fin de sa contemplation pour obéir au moindre signe... et Napoléon dominant du haut de cette ruine la riante contrée choisie pour les délices de Charlemagne... écartant de sa belle main les guirlandes de lierre et de ronces tombantes des vieux créneaux comme pour lui former une couronne naturelle; portant ses regards tour à tour sur le lac qui reçut l'anneau enchanté, talisman d'amour et de folie, puis sur les ruisseaux brûlants (1) qui sillonnent la prairie couverte alors de femmes et de fleurs. Ce tableau représentait toute la poésie de l'histoire gothique et moderne, et l'on put croire que l'impératrice avait transporté ce jour-là son salon à l'ombre de cette ruine impériale pour qu'on y vît, comme autrefois, de vaillants soldats, de preux chevaliers et de jolies femmes entourer encore le plus grand conquérant de l'Europe.

(1) Le sentier qui conduit à Franckeinberg est entre deux ruisseaux, l'un d'eau thermale brûlante, l'autre d'eau froide.

FIN

TABLE

FIN DE LA TABLE.

Clichy.—Impr. de Maurice Loignon et Cie, rue du Bac-d'Asnières, 12.

www.ingramcontent.com/pod-product-compliance
Ingram Content Group UK Ltd.
Pitfield, Milton Keynes, MK11 3LW, UK
UKHW031835260826
14628UKWH00001B/397

9 782019 721596